青春遊隨筆

明士心、Aima、許思庭 合著

天空數位圖書出版 Family Sky

目錄

旅行必定要把握青春 / 明士心　　　　　1

長安一見不會愁 / 明士心　　　　　　　5

追憶華山論劍，遙想高手過招 / 明士心　9

洛陽紙很貴嗎？ / 明士心　　　　　　　15

一登龍門聲價幾倍呢？ / 明士心　　　　19

看過關公便上京，活著就是勝利
/ 明士心　　　　　　　　　　　　　　23

千辛萬苦到北京 / 明士心　　　　　　　27

尋找正體字的古籍 / 明士心　　　　　　31

感覺陰森的明朝二陵 / 明士心　　　　　35

萬里長城萬里長 / 明士心　　　　　　39

碧雲寺憶國父 / 明士心　　　　　　43

迎來紫禁城 / 明士心　　　　　　47

快談北京 / 明士心　　　　　　51

拿坡里奇遇（上）/ Aima　　　　　55

拿坡里奇遇（中）/ Aima　　　　　59

拿坡里奇遇（下）/ Aima　　　　　63

防人之心不可無（上）/ Aima　　　69

防人之心不可無（下）/ Aima　　　73

在拿坡里看球賽的回憶點點滴滴 / Aima　79

平民美食的天堂 / Aima　　　　　　　85

甜點的天堂 / Aima　　　　　　　　91

拿坡里散策地圖（上）/ Aima　　　95

拿坡里散策地圖（下）/ Aima　　　101

澳門的葡撻爭霸戰 / 許思庭　　　　107

不要做井底之蛙，要勇敢一試 -- 新加坡
觀景摩天輪 Singapore Flyer / 許思庭　　111

台南白河區三叔公的家，一個有內涵的家
/ 許思庭　　　　　　　　　　　　115

台南白河區田園荷花早晨體驗 / 許思庭 121

時光倒流般的隱世彰化鹿港小鎮
／許思庭   125

群馬縣傳說中的秋名山的現實與幻想
／許思庭   129

苗栗縣卓也小屋--戀戀藍色山城
／許思庭   135

日月潭的日與夜／許思庭   139

台灣追櫻之中科崴立櫻花公園／許思庭 143

台灣追櫻之付費與免費的分別／許思庭 147

旅行必定要把握青春

作者：明士心

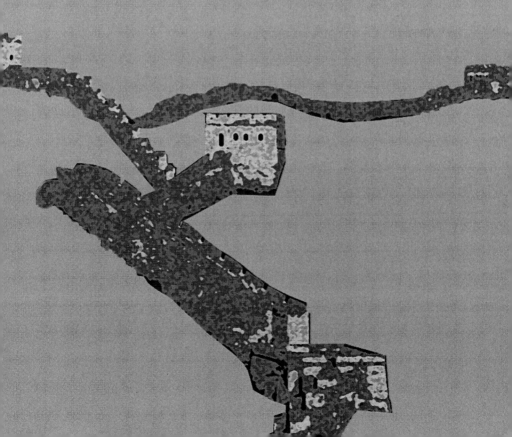

　　很多人都喜歡旅行，這無分年齡、性別，不過，人生苦短。去旅行應該是要把握年輕時參與，畢竟旅行是要有體力。就算你乘坐的是頭等機艙、出入有包車、住的是五星級大飯店，每當到了某地，只要多走兩步，就會感覺到累了！這又有何旅遊的樂趣呢？所以，我一向認為，想要旅行真的要趁青春，多把握有足夠體力的時候，去想去的地方。

　　或許年輕時，曾閱讀過香港不少旅行家的作品如：如周永傑、陳天權——足跡踏遍多個國家；曾展強——曾獨闖中國和印度，令我佩服；水禾田——踏足絲綢之路，用照片記錄了旅行，令人嚮往；徐家英——不一樣的東歐之旅，並定出旅行的新定義；李樂詩——能夠到達過南極，實在難以想像。無論你是否知道以上人物，或是看過他們的作品，就是那句「年輕人，讀萬卷書不如行萬里路」，千里之行始於足下，體驗生活比起聽別人怎樣生活，來得更有意義，因此便在 17 歲之齡，愛上一個人踏上征途。那個年代，主要北上神州，因為最廉價，那年代沒有廉航，只要不用坐飛機，旅費就省下八成了！

在上世紀八十年代，香港突然吹了一片「自遊行」之風（當年叫自助旅行），當時不少年輕人紛紛北上神州，除了一探錦繡河山外，對異地的探險感覺，都是難能可貴的經歷，便宜的旅費也是一大原因，皆因北上，只需要坐火車。

除了飽覽多位前輩的作品外，看電視同樣能吸收不少資訊，八十年代的電視節目談到旅遊的非常多，如《絲綢之路》、《寰宇線》、《青春前線》、《大黃河》及《大江南北》，當中印象最深刻的是《絲綢之路》。

《絲綢之路》是日本 NHK 製作，TVB 配音，由鍾景輝及羅志強主持，第一輯介紹的是在中國境內的一段絲綢之路，由西安出發，到抵達帕米爾高原，既介紹旖旎風景，也觸及風土人情及歷史遺蹟，更重要的是，節目灌輸了不少歷史的故事，令我這個黃毛小子，更希望能夠一睹節目中的各處古蹟。

1986 年，一個人之旅終於成行，當年中國改革開放不久，省吃儉用的話，旅費夠我遊山玩水一個月。當然，曾想過要像日本 NHK 那樣走絲綢之路，不過，神州大地可供參觀的地方非常

多，還是對中原等地興趣較濃，依舊是到絲綢之路的起點——西安為出發點，然後東至洛陽，再北上北京。

孤身走我路，除了旅途上的各處古蹟令人難忘外，沿路的經歷同樣令人難忘，這些因為年代已不同，自己年紀也不同，真的無可復再，所以，再回首，再次認同這句：「青春必定要去旅行」。

長安一見不會愁

作者：明士心

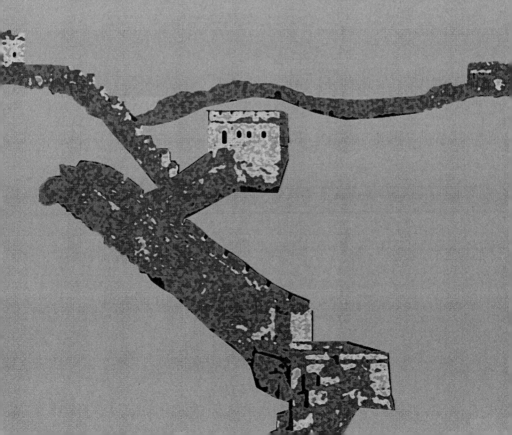

西安，古稱長安，作為十三朝的首都，由數千年前的半坡文化開始，後歷經春秋戰國時代而到秦統一，再到漢唐盛世，及至明朝修築城牆，李自成於西安稱帝，晚清的慈禧太后更因八國聯軍而逃到西安，當然還少不了近代，曾登上國際媒體焦點的西安事變。所以說，西安就是一本活的中國歷史。

當年只有十七歲的我，慕名而來到西安，後往東走，經華山，及洛陽再北上京城，差不多一個月的時間，歷盡艱辛，別忘了那時是 1986 年，沒有網絡、沒有行動電話，沒有導航，很多地方還非常簡陋。

那個時候，獨闖西安便先從廣州坐上四十四小時的長途火車，買好硬臥車票，雖然沒有冷氣的車廂像烤箱一樣，但除了熱之外，還算舒適。晚上卻不炎熱，晚風吹來還有點寒意。火車是從下午五時多從廣州站出發，後天中午抵達西安。

到達西安後，第一位是先找便宜的旅宿（建青招待所）下榻，距離火車站不算遠，三元多人民幣一張床位，位於東七路，旁邊的東八路當年

是夜市，晚上小攤販叫賣，非常熱鬧，故此遊人吃東西非常方便。

那時代的交通不發達，除了坐公車外，就只能坐當地人駕駛的三輪車，而大部份是要依靠自己的雙腿。西安作為一個古都，幸好有不少地方步行就能夠前往的，如鐘樓、鼓樓、大清真寺等地方。

除了市中心的建築外，在西安主要就是「掃墓」，因為要參觀的咸陽博物館、乾陵、章懷太子墓、永泰公主墓、半坡遺址、秦陵及華清池等，大部份都是陵墓，每一個陵墓各具特色，當中最令人難忘的，就是秦始皇兵馬俑。

秦陵是中國史上最大的陵墓，博物館內就是一大片土坑，站著數之不盡的「秦兵」，排列有序，整齊一致，每一個兵馬俑都有不同面貌，別具心思。可惜當時的規定是禁止攝影的，但難得到此，豈能錯過？所以，只能偷拍了。

我只是拍了兩張照片，已不敢再接再厲，因為親眼目睹有些遊客偷拍被發現，馬上被拆掉底片，難免一步一心驚。實在是難忘中的難忘。

　　西安市郊還有大雁塔、小雁塔，碑林等值得參觀的地方。除此之外，特色小吃有蘭州拉麵、牛肉泡饃及德發長餃子宴，可惜當年窮學生，只能吃普通的餃子，未能一嚐餃子宴。

　　西安行程怎會只有這短短一篇文章就能記述完畢，原因是之前我所寫的另一本書《青春遊記》已有記述，這裡就不再重覆了，有興趣的讀者不妨找來重溫一下吧！

追憶華山論劍
遙想高手過招

作者：明士心

「問世間，是否此山最高？或者，另有高處比天高？」到華山之前，必定會想起黃霑的經典歌詞，那是電視劇《射鵰英雄傳之華山論劍》的主題曲，劇中集合了東邪、西毒、南帝、北丐，高手們都以「華山論劍」為人生目標，引起了筆者對西嶽的嚮往。

從西安坐三小時左右的火車抵達華山站，在火車上與陌生的乘客談天說地，哪怕語言不通、雞同鴨講，依然非常愉快。抵達華山站後，先把巨型行李寄存在「玉泉院」，對於在香港長大的我，「玉泉」二字自然會聯想到「玉泉汽水」，但在華山腳下的「玉泉院」，當然與汽水風馬牛不相及。那是一家道教朝聖之地，大部份上華山的旅客都會將大型行李寄放於此，盡量輕裝上陣。

1986 年的華山，任何人登山都要先在山腳的入口登記名字，支付登山費用。記得那年代香港人的費用為外匯券一元五角（當時匯率約港幣四元），而我在香港的大快活速食店打工時薪只有五元，可說是非常、非常、非常昂貴，內心有點戚戚然。（朋友近年曾到訪華山，告訴我現

在登山套票超過 450 元人民幣，包含景區門票、車票、索道來回票，足證物價飛漲！）

　　登山之路，全程幾乎是長長的階梯路，有些樓梯甚至呈九十度，異常陡峭。沿路上五里關、莎蘿坪、毛女洞、青柯坪、千尺幢，到了百尺峽時，每一級又窄又高，一步一驚心，甚至不敢往下看。走過群仙觀後不久，終見北峰蹤影，大約在六時抵達蒼龍嶺，站於嶺上俯視萬丈深水淵，深感渺小。

　　差不多七點，我抵達華山五關之一的金鎖關，狀似石拱門，也就是杜甫《望嶽》中所指的「箭栝通天有一門」。再走十多分鐘，終於到了道教寺廟鎮岳宮，由山腳到這裡，一共走了六小時，喘不過氣，辛苦得無力說話。順帶一提，這道觀已改造為旅社，供遊人入住，但那年頭山上沒有供電，照明靠油燈，而這裏的盛夏，九時還可在山頂欣賞日落，景不迷人人自迷。（補充一句：那時的中國有實施夏令時間，所謂的「九點」實際才是八點，再加上中國中西部地方的日落本來就很晚，所以，九點多還在日落。）

　　身處海拔二千公尺，日落西嶽，山上變得寒氣迫人，惟當你遠離塵囂，心如止水，晚上抬頭

凝望滿天繁星，一閃一閃，身心確是舒暢，從攝氏三十多度的山腳來到約十二三度的山頂，那種消暑感覺，又真的令人再三回味。

第二天清晨，本想在東峰看日出，可惜雲層太多，等了很久，太陽終肯露臉，但已萬丈金光，刺眼到不得了，本想明天再來，只可惜第三天還是緣慳一面。在華山之巔到處走走，呼吸一下山上靈氣，感受何謂華山之險——「鷂子翻身」，通往下棋亭的必經之路。它要從山邊往下爬，中間必須轉身才能往向下，我只爬了一半，因人太多，危險萬分，於是中途放棄折返。至於長空棧道，那時候就只有一大塊長木板，連鐵鍊也沒有，我只敢走了一下，怕被其他遊客擠下去萬丈懸崖，一命嗚呼，於是退一步，回頭是岸吧。

中國傳說多如繁星，關於華山之巔，就流傳「沉香劈山救母」之說，我親眼目睹一塊被劈開的石頭，孰真孰假，留給世人想像。簡單就是美，這裏沒有電、食物只供填肚，但在盛夏來到如此清涼之地（攝氏約十四五度），備受天上人間的美景包圍，真有洗滌心靈的感受。我相信，即便今天重遊舊地，難比往昔，美好時光，可一不再。

　　在華山渡過了兩個逍遙之夜，遠離塵世煩惱，至今仍然忘不了，白天欣賞一望無際的景色，雖然沒有百貨公司，也沒有便利店，就連我最愛的可口可樂也欠奉，但在這裏卻可以享受到難得的 100% 大自然純味道。

青春遊隨筆

14

洛陽紙很貴嗎？

作者：明士心

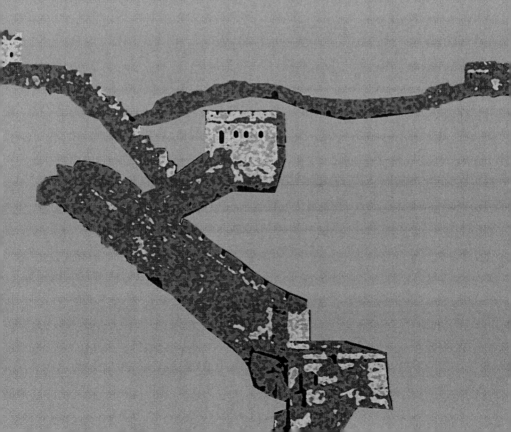

　　洛陽本為騷人墨客的朝聖地，洛陽才子賈誼留下的漢代騷體《鵩鳥賦》最為精采，其中兩句為「其生兮若浮，其死兮若休」及「德人無累，知命不憂」，可圈可點，值得細味。

　　1986年七月的這一天，要告別西嶽華山了，離開鎮嶽宮，緩步下山。以前聽人說「上山容易下山難」，現在親身經歷了，反而是「上山難」很多啊！記得上山時，筆者花了六小時登頂，而下山只要三小時便完成旅程，而且沒有費多少力氣。

　　早上出發，中午前已抵達華山火車站，輕鬆的買了車票，準備東進洛陽。因為是中途站，而且是小站，根本不可能買得到座位票，幸好上車時即便全車滿座，但未算很多人，我還能在車廂內靠近車門的位置找到地方坐下來——休想坐在座位，當然是席地而坐！

　　車程大約六小時，年輕時仍能吃苦頭，坐在地上也睡了幾次，艱辛程度非筆墨能形容，筆者偶而站起來伸展一下手腳，然後又坐回地上。清醒時會看看書，眺望一下窗外景色，車廂雖然人聲鼎沸，卻是人人陶醉於此，旁若無人，別有一

番滋味在心頭。其實我也可以把這種旅程浪漫化，實際上並非那回事，可見文人多大話，文章是多麼的信不過。

記得坐在身旁的一個衣衫襤褸老伯伯，或許看著我這個異鄉少年樣子淒涼，竟然將他的一個燒餅模樣的物品，弄開一半給我吃。老伯伯拳拳盛意，但黑色的雙手髒了一半，筆者生怕食物不潔，吃完會上吐下瀉，只得婉拒了對方好意。當然，我是感激他的好意，內心也感到一股暖意，向萍水相逢陌生人伸出友誼之手，現在還會有嗎？

差不多花了六個小時，終於抵達另一個古都洛陽。到過西安，再到洛陽，自然充滿期待，畢竟它號稱是「十三朝的古都」，應該會有不少值得旅覽及欣賞的地方。

下火車後，站前有很多人向旅客推薦各自的旅館，但筆者還是前往旅遊書上所介紹的「洛陽賓館」。經過前幾天的華山之旅及這程長途火車，累得要命，所以想住得稍好一點。當然，那個時代的中國，所謂「稍好一點」的賓館，不過

是擁有私人廁所、冷氣、電視機的客房而已，算不上甚麼奢華享受。

下車還要擠十來分鐘的公車，筆者抵達洛陽賓館，一間雙人房費用十五元人民幣（外匯券），對於年輕的我來說是非常昂貴，兌換為港幣約六十元，相當時那年頭我一天的薪水了。

進房整頓一下，獨自步往市中心，吃了一碗不知名的東西填肚，聽發音像是「湯麵」之意，就是很多塊正方形的東西放在湯裏（後來知道真的是湯麵）。然後在這夜市走走，再返賓館休息一夜。哈哈，入睡前驚覺來到洛陽，竟然是住的最貴，並非紙貴！（洛陽紙貴意為風行一時的作品）

一登龍門聲價幾倍呢？

作者：明士心

　　洛陽歷史悠久，自夏朝起總共成為十三個朝代的首都，被視為河洛文化和華夏文明的發源地。這天起來，雖然精神充沛，身體卻累積了前幾天在華山的辛勞，今天開始「還債」，雙腿疼痛得不得了。所以說，旅行必須好好把握住年輕的時光、青春的尾巴。

　　洛陽位於河南省，位處中原，地勢小，我跟隨「竹林七賢」步伐到訪，離開賓館，前往公車站，準備乘車到白馬寺。步行途中，突然有一位老婆婆牽著一位穿著長裙、清純可愛少女（年約十六七歲），跟我說了一堆家鄉話，無奈一句也聽不懂。

　　那時候，偶有所聞，南方城市廣州深圳開始出現黃色事業，但中原地方則未有所聞，而且少女長得清秀可人，像鄰家女孩一樣，完全無法想像可能從事「特種」經營的行業。別過婆婆和少艾，繼續行程，坐上公車，抵達白馬寺。

　　白馬寺是佛教傳入中國後首間興建的寺廟，本以為可以欣賞到很多古物，可惜事與願違，抵達後才發現不少雕像都是近二三十年重建。中華文族似乎是不太尊重歷史的民族，「古文明」

過去數百年歷盡大肆破壞，沒能安好地傳承下去。再說，寺廟內到處都掛滿「禁止攝影」的牌子，令人遊興無味，大煞風景，甚為失望。

離開白馬寺，筆者再乘公車到龍門，驚覺一眾乘客就像搶錢一樣，慢一步都無法登車，最終出盡九牛二虎之力，艱辛地佔到一個站位。幸好，車程沒有很久，半小時後便抵龍門石窟。

龍門石窟主要開鑿於北魏至宋的四百餘年間，大部份是初唐作品，至今存有窟龕二千多個，造像十萬餘尊，號稱數量位於「中國各大石窟之首」。旅客來到最大的一個窟——奉先寺，人人嘆為觀止，尤其是親眼目睹最大佛像盧舍那大佛，一見難忘。看見眼前景像，我也罕有地拍了不少照片（別忘了那年代，每張照片都很貴的），相信隨處拍，亦能拍出「大片」感覺。

沿路石崖邊有大量的小佛洞及佛像造型，偏偏有大量的佛像頭被砍掉，不知道甚麼原因被損毀，內心大叫可惜，否則整個景緻氣勢磅礡，肯定更為壯觀。直到多年之後，因工作關係長期留在河南時，聽過當地的中年朋友所述，原來他們年輕時伙同眾人特意去那兒把佛像頭砍掉的，

原因呼之欲出，暴行令人髮指，這根本就是一個時代的悲哀。

其實，龍門石窟歷盡劫難，不過是中國眾多古城的小小縮影，除了盜鑿十分嚴重之外，唐末滅佛運動同樣造成無法彌補的破壞、損傷。再說，洛陽畢竟是十三個朝代的首都，難免飽受戰亂摧殘，所謂的「華夏文明」到近代，依然屢遭人類不文明的行為，被弄得遍體麟傷，諷刺又遺憾。

最後一提，日本古城京都別名「洛陽」，京都在八世紀時的城市規劃，是跟唐制，左京是洛陽，右京是長安，中間是朱雀大道，完全仿傚足唐朝里坊制，可惜，一切已成過去！

看過關公便上京
活著就是勝利

作者：明士心

最後一天在古都洛陽了，遺憾地，見不到甚麼皇宮等遺址，到過的古蹟當中最感興趣的，就是埋葬關羽頭顱之處——關林。

自小閱讀四大名著《三國演義》，即便是文言文，依然津津有味，比起其他古典名著，還勉強看得懂羅貫中先生的文字。羅貫中刻意將關雲長神話化，小說中很多精彩故事如「千里走單騎」、「溫酒斬華雄」、「過五關斬六將」、「華容道釋放曹操」、「刮骨療毒」等等，真的是家傳戶曉。

正史是否如此神奇，已經不太重要，說出個重點來，我們讀者陶醉在小說中情節就夠了。慕名已久，終到關林，就是要來看看關公的故事。墳墓能稱為「林」，就只有聖人，中國除了孔子墓稱「孔林」外，就是「武聖」關雲長了。

尋找武聖過程中，經歷了千辛萬苦。記得在公車站關林站下車後，路上的指示模糊不清，找了很久都找不到方向，路在嘴邊，期間曾向途人查問，但比手劃腳都不知道他們到底說甚麼話，總之，無論走東走西，也到不了目的地。

當我以為不得不放棄，準備回程之時，「奇蹟」降臨了，那刻彷彿在耳際聽到一把聲音叫我「繼續前往，不要放棄」，於是再次步回那些巷子，再尋一遍。轉了一個彎，我就看到了目的地，是不是「某種力量」的指示，抑或是神明啟發？還是不服輸的性格使然呢？我不知道。

然而，關林的廟宇規模不大，步進大殿，就是主體建築，殿內供奉關公像，兩側立關平與周倉雕像。而在偏殿（忘記了實際名稱），掛起了多張壁畫，描述關雲長的生平，內容來自《三國演義》裡的「千里走單騎」等故事，味道像漫畫，廟宇應不應該取材自小說，則屬後話。

廟內吸引之處是，擺放了一把傳說中的「青龍偃月刀」，讓遊客嘗試提起，當時雙手發盡九牛二虎之力，也只能動它一下。難以想像，當年武聖要拿起相同重量的兵器，真是力大無窮，在戰場上影響靈活性，卻似「弊多於利」。

思想由古代回到現代，我由關林返回市中心，逛逛書店，再到洛陽火車站，坐在站前的台階，看看書、聽聽歌，等待夕陽西下。晚餐就在車站旁的小攤子點了一碗炒麵，一道菜再加一

碗飯，沒想到份量大到一個點，吃了一半已把肚子「塞」滿，惟本著不浪費食物的精神，只能盡力吃下去。

同桌的有位當地人衣服乾淨，用奇異的眼光盯住我，起初還以為他已經點了餐，只是等待食物送上來。怎知道當我沒能再吃下去，把筷子放下半晌，那人動作迅雷不及掩耳，閃電般取了我的筷子，把剩下的菜倒在飯中，一口氣吃下去。心忖：「何不早點說嘛，我一定會請他吃，不用我吃得那麼痛苦！」

時間到了七點左右，我登上了往北京的火車。一如當年中國大陸各大城市的火車，進車廂後必須、必須、必須瘋狂地奔跑，搶佔最佳位置，而我要背著大型行李，實在太勞累了！

呼了一口氣，千辛萬苦成功擠上車，找到一個空隙站位，但車上人山人海，能把行李放下來已經是不幸中的萬幸。車廂內幾乎透不過氣，前往北京的車程長達十三小時，能站著「活」到終點嗎？

千辛萬苦到北京

作者：明士心

　　人們今天出國旅遊，就算不參加豪華團，也可以玩得舒適，但上世紀八十年代中往中國旅遊，可不是那回事啊。今日北京，空氣污染嚴重，說得上是「霧都」，當年亦不遑多讓，分別在於三四十年前，混濁的空氣通常是在室內！

　　話說晚上七點多，坐上前往北京的火車，惟因沒有座位，車廂內擠滿站著的乘客，幾乎是人貼人、肉貼肉（讀者別往謎片方向多想）。晚上九點多，經過鄭州，這站湧上來的乘客特別多，在車廂連接的位置擠得水洩不通，空氣污濁，不少人在吸煙，乘客的交談聲震耳欲聾，再加上登車前塞到很滿的食物，肚子開始感到有點不舒服，隱隱作嘔。

　　那一刻，終於按捺不住，肚子的東西硬要從嘴巴飛出來，灑了附近幾位站著及蹲著的乘客身上、頭上。場面頗噁心，但說來奇怪，被他們破口大罵（當時完全聽不懂他們在罵甚麼）一頓，然後他們大概整理一下衣服及頭髮後，很快就像沒事發生一樣。最奇怪的地方是到底他們不嫌髒，還是對我一個外來遊客寬宏大量呢？三

十多年後再回想，還是沒能理解當時人們的反應。

等了又等，火車在中途經過石家莊，乘客數量減少了一些，雖然自己仍然是勉強的站著，但至少有空間席地而坐。直至早上約八點半，火車抵達北京。根壓兒沒想到，這趟行程中唯一比較舒適的地方，就是廁所了。本來很髒的廁所，卻因為小小空間中只有你一個人，比起要跟外面一群人互相擠擁著，至少是一個沒有壓迫感的「私人空間」。

經過十三小時的火車行程，數一數手指，原來自己站立了十一小時（有兩小時是坐在地上），居然捱到終站，回想起來仍猶有餘悸，也感嘆年少多好。離開火車站，坐地鐵到宣武門站，當年四個站的車票，只需五角人民幣。那時候，北京的地鐵沒有冷氣，車廂內設有大風扇，窗戶甚至可以打開。自然風沒有不妥，可憐的是地鐵內的擠迫，不下於火車！

宣武門站到了，本想入住自助旅遊書介紹的「宣武門飯店」。聽說這家飯店最大特色是，大部份都是床位，一間房容納十幾人，多數是遊

客，環境潔淨，深受歡迎。難怪當我到達時，全店滿了，飯店職員遂向我推薦崇文門的一家旅館「東花旅館」。

無可奈何，萬般不願，我只得再一次提起行李，再一次搭乘像逃難一樣的地鐵，前往崇文門站。「東花旅館」距離車站還有一段路程，真的走不下去了，畢竟遊過華山，還有十三小時長途火車，此時體力消耗得差不多了。

無巧不成話，當時遇到七名來自香港的男生，老鄉見老鄉，兩眼淚汪汪，他們入住了兩間四人房，剛好加上我，每晚費用平均才十元人民幣（當然，衛浴設備是公用的），於是我們就「併房」了。

幸好，舊時入住飯店，不用等到下午三點進房，記得當時只是早上九點多，如果要拖住疲憊身軀到下午，恐怕我已體力不支。不容分說，進房間後，我閃電倒頭大睡，直至下午。

尋找正體字的古籍

作者：明士心

人似秋鴻來有信，事如春夢了無痕。在旅社
睡了大半天，就像「大昏迷」一樣，卻沒有一個
春夢。

下午醒過來，我馬上乘地鐵到北京站，訂了
火車票，準備兩週後回香港。當時，火車只能直
達廣州，然後轉車回港。經歷過慘痛的火車廂
「站位」往事，決定再不能虐待自己，幸好那年
代的北京車站設有國際候車室及售票處，專門
接待外國及港澳遊客，故身處一個比較舒適的
環境下，訂購了往廣州的硬臥車票。然而，價錢
沒有記下來，也記不起，只肯定比一般售票窗購
買到的車票貴不少。

儘管港澳人士不必跟中國旅客擠在一起，
但凡事有代價，這些車票的價格往往貴上兩三
倍，對窮學生如我來說，的確是沉甸甸的支出。
可是，當我想到要排上數小時的隊伍，還要擠得
喘不過氣，並且無時無刻有人插隊，而且排到了
還不一定買到票，思前想後，這筆費用始終不能
省。

買了廣州的車票，我也順道買了到呼和浩
特及天津的車票(看看口袋，還是買硬座算了)，

之後就離開北京車站，轉往琉璃廠，印象中應該
是由宣武門站下車，再徒步前往目的地。

琉璃廠是京城著名的文化街，據說於清代
乾隆期間開始經營圖書及各類文化用品為主，
上世紀八十年代中，整條街兩旁都是古色古香
建築，商店售賣各種古玩、字畫、文房四寶等物
品。這次特意跑來，全因想購買古籍。

有很多人誤以為中國的書籍都是簡體字寫
成，事實並非如此，即使是三十多年前，正體字
印刷的書籍不計其數。當然，寶物不會從天而降，
你必須花功夫去找，當年的琉璃廠是文人聖地。

皇天不負有心人，除了買到用正體字印刷
的詩詞精選，例如香港較少出版的柳永、杜牧等
名家詩集，當時中國的書籍非常便宜，還購買了
一套全十冊的《史記》，只需十元人民幣，黑市
匯價約三十多元港幣，若在香港，必定超過一百
元，最後也花了數元人民幣掃走多套古典小說，
如《三國演義》、《楊家將》等。

主要戰利品是古籍，其次是一些景泰藍小
擺設，像小花瓶、小雞蛋模型等玩意，算是給自
己的小小紀念品，大都是十多元人民幣，滿足了，

畢竟那年頭的青年人很少會在旅遊時購買奢侈品的。「血拚」結束，滿載而歸，端著幾大包東西，幾乎都是書，回到旅社，簡單的在小餐廳吃點東西，反正一元人民幣讓你吃個夠，輕輕鬆鬆的渡過第一天北京之旅。

感覺陰森的明朝二陵

作者：明士心

八十年代中的中國，交通仍然極之不便，首都北京與古都西安的狀況相似，距城市較遠的景點必須購買旅遊車套票，才能安心出行到目的地。

由所住的旅社步行數分鐘，便抵達崇文門，這裏的旅遊車可到明十三陵及萬里長城，日記沒有寫套票要多少數錢，應該都是數元人民幣，但入場費還要額外支付。

第一站是到十三陵水庫，雖說水庫外觀宏偉，但旅遊車主要帶大家參觀的卻是由毛澤東題字的紀念碑而已，沒有甚麼特別之處。

再往下一站，終於抵達聞名已久的明十三陵。明朝十六位皇帝有兩位葬在別處，一位下落不明，其餘十三位都葬在天壽山，遂稱「明十三陵」，陵內還安葬了皇后、太子及妃嬪。不過，當年只開放定陵及長陵，所以此行也只能一睹兩座陵墓的風采，不知道今天有沒有開放更多給遊客參觀呢？

旅遊車先送我們到今天主角之一的定陵，那是明神宗朱翊鈞的陵墓。明神宗是明朝在位

最久的皇帝，達五十七年，即萬曆皇帝，不少有
關明朝的小說或故事，背景都喜歡設定在萬曆
年間。或許因為張居正的勵精圖治，又或許明神
宗躲起來甚麼都不理，總之背景非常特殊。

定陵主角中的主角，必定是地下宮殿，香港
人入內要支付三元外匯券，絕不便宜。地下宮殿
是明神宗及兩位皇妃的靈柩所在，當時是嚴禁
拍照，而且燈光照明不足，除非使用鎂光燈，才
能拍到文物面貌。可是，使用鎂光燈肯定會被工
作人員發現，同時有機會破壞文物，所以放棄了
偷拍的念頭，只能記在腦海了。

走在前往地下宮殿的通道，一陣寒意襲來，
再加上暗暗的黃色燈光、地底又較地面低溫，感
覺有點陰森可怖。事實上，室外攝氏三十多度，
地底卻像初冬般冷冷，實在是天淵之別。走到最
裏面的後殿，終見識到三座巨大的靈柩，可惜遊
人眾多，無法細意欣賞，但宮殿莊嚴肅穆的感覺，
迄今仍記得一清二楚。

離開地下宮殿，便到了十三陵中歷史最悠
久的長陵，就是明朝第三位皇帝明成祖朱棣的
陵墓，也是十三陵的第一陵。這個主陵始建於永

樂七年（1409年），至永樂十三年（1415年）
竣工，耗時六年之久，工程浩瀚，安葬了朱棣及
徐皇后。

　　移步到中國木構建築物中形體最大的稜思
殿，面積近二千平方米，殿內全部用楠木建成，
高大宏偉，工藝精湛，給人一種陰沉莊嚴之感。
三十二根木巨柱並立殿中，而當中最大的四根，
就算有兩個我都沒能抱得住。

　　遙想當年興建之時，必定死傷無數，勞民傷
財。離開稜思殿之後，就是一座城樓包圍著一個
大土丘，稱為「寶頂」，下面是明成祖的棺木了。

　　時間已到中午，在附近簡單用餐，然後走進
陵墓內一條長長的神道，神道兩旁屹立很多石
獸及石人，每一個石像都碩大無朋、頂天立地、
栩栩如生、氣勢懾人，似向來客發出警告。

萬里長城萬里長

作者：明士心

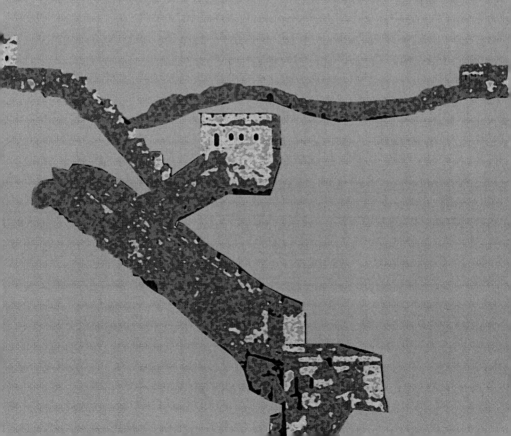

　　離開明十三陵前，實際只欣賞到兩座陵，步上旅遊車，再到此行另一個重頭戲——位於八達嶺的萬里長城。

　　旅遊巴途經的山路，其實看得到不同位置的長城面貌，只是有部份像倒塌了的樣子，有些只剩下頹垣敗瓦，難以確定是否長城的一部份。

　　大約下午一點半抵達期待已久的長城，我興奮終於願望達成，呵呵！從小到大，聽過、看過長城很多的照片及影片，早就知道它由河北的山海關開始，綿延一萬多華里，經過多個省市，到達甘肅的嘉峪關。除了之前提過的《絲綢之路》紀錄片外，剛好在踏上征途前，ATV 播映的《秦始皇》歷史劇，都曾到長城取景。

　　長城的修築遠在春秋戰國時代開始，秦滅六國，始皇帝再將各國長城連接，「孟姜女哭崩長城」的傳說家喻戶曉，剛好《秦始皇》亦有所及。明朝是最後一個大修長城的朝代，大概是我們現在看到的模樣，正好配合之前看罷明朝皇陵，再來長城「闖關」。

　　然而關是闖不了的，因為旅遊車只會停留
四十五分鐘，我箭步往範圍內的最高點。登上長
城後，看到這建築的宏大格局，盤踞山腰，地勢
陡峭，沿途走上來尤其吃力，部份位置的斜度達
45度，可想像二千年前人們要出盡九牛二虎之
力，才能把建築材料運上來。

　　城牆每隔一段距離就設有一個牆台，供遊
人稍事休息，但原本那是軍人放哨之處，一座對
著一座，從遠處看過去，氣勢更加懾人。那時候，
我不禁想起《秦始皇》主題曲的第一句「大地在
我腳下」，讀萬卷書不如行萬里路，這種感受是
無法從照片和影片中體會到的。

　　時間所限，我來到能力範圍內的最高點，抬
起頭來，一望無際，真有種衝動想沿路疾走下去，
一直走到甘肅，把整條長城沿途風光飽覽一頓。
年少多好，如今這些都是那些年的夢想而已。

　　光陰轉眼已逝，為了趕著坐旅遊車，只能盡
快回停車場，順利回到北京市崇文門。這家旅遊
巴公司同時提供頤和園、香山、臥佛寺的一天遊
車票，票價五元三角人民幣，於是買了明天的車
票，疲憊地結束今天旅程。

　　回到旅社，今天不吃麵條了，改吃套餐，看到一道菜名為「木須柿子」，完全猜不透是甚麼東西。菜上來了才知道，原來是蕃茄炒雞蛋，這道菜絕對合我的胃口，奈何時至今日，依然搞不懂這名字的由來。

　　吃飽了，晚上留在旅社寫日記，看一下之前買來的書籍，期待著明日旅程。夜生活？那年代的京城，晚上根本沒有甚麼可以去的地方。

碧雲寺憶國父

作者：明士心

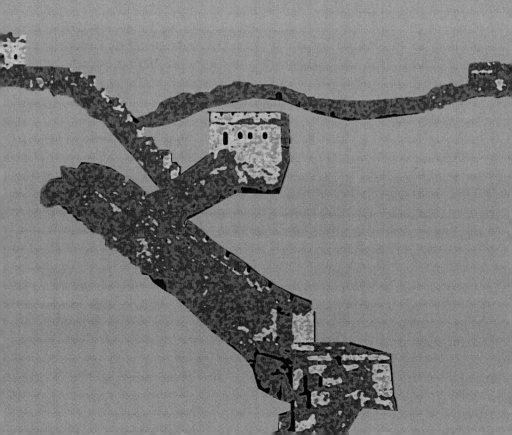

今天依舊坐上旅遊車，出發到車程較遠的名勝——頤和園、臥佛寺、碧雲寺及香山公園。

第一站抵達頤和園，這裏修建於清朝乾隆年間，屬清朝皇族行宮，看照片很美，原定計劃準備再好好拍些照片珍藏，豈知遊人眾多，擠得水泄不通，遊興大減一半，再加上十七孔橋及清晏舫正在修繕，不少設施也正在維修，實是此行一大遺憾。只能參觀一下昆明湖，掛滿彩畫的長廊，每根樑枋都有彩畫，奈何人太多，沒能靜心欣賞藝術品。

下一站是香山公園，驀然回首，真佩服當年自己的膽量，竟敢坐上「岌岌可危」的吊車。那吊車沒有甚麼安全措施，就是一張二人座椅，腳底下空空如也，記得與一名大陸人同座，途中自然聊起中港差別，哪怕語言不通，似雞同鴨講，惟過程仍是蠻有趣的。

吊車到達山頂後，因時間不夠，只能匆匆忙忙俯瞰一下京城近郊景色，便要回程下山，再轉入碧雲寺。雖然香山紅葉向來著名，但時值盛夏之際，又浪費大量時間排隊坐吊車，香山公園只能走馬看花，印象不深。

　　碧雲寺擁有 800 年歷史，建於明朝，特別在明朝太監于經及魏忠賢大幅度擴建後，金碧輝煌，美輪美奐。不過，經過歲月洗禮，寺內已回復肅穆，而此行重點實際上是指向國父紀念堂。國父孫中山臨終前，留下致蘇聯的遺書，內容大概是請蘇聯協助中國革命事業，最後兩句話「兩國在爭世界被壓迫民族自由之大戰中，攜手並進以取得勝利。」時移世易，剩下的是千分感慨，萬分無奈。

　　碧雲寺內安放了一副玻璃蓋棺木，乃國父逝世後，蘇聯運到北京送給中華民國政府，但運抵時才發現已下葬於南京中山陵了，故棺木一直留在寺內紀念。全寺主建築金剛寶座塔的下方，便是國父的衣冠塚，封葬國父生前所穿過的衣服，而孫在一九二五年北京逝世後，靈柩亦曾短暫停放，後來才移送南京正式安葬。

　　離開碧雲寺，轉往十方普覺寺，即俗稱「臥佛寺」。這裏享負盛名的臥佛像，是釋迦牟尼涅磐銅像，而筆者就覺得四大天王造像活靈活現，引人入勝。至於臥佛身後的一塊橫匾，寫著「得大自在」當日第一眼看過去還以為是什麼「自

大」，年輕時根本不懂箇中含意，多年後才知悉「得大自在」出自佛語，寓意人要放下執念。也許這就是年少不懂詞中意，讀懂已非少年人。

　　回到旅社，洗澡前有一段小插曲，話說淋浴間「號稱」使用太陽能發電(走在時代尖端！)，但不知何故卻突然失靈，水溫熱到不得了，更有住客被燙傷皮膚，多人向職員大吵大鬧，眼見此情此景，我就簡單抹一下身算了，以免承受不必要的皮肉之苦。

迎來紫禁城

作者：明士心

「御門爭著赭黃袍，將士還朝盡節旄。海外名王歸宿衛，腰間都帶赫連刀。」遊故宮，想起了清末民國文人魏程搏的詩句。遊京城，絕對不能錯過參觀皇宮，那是明朝永樂十八年（1420年）留下來的建築，經過清朝，迄今依然是中國最龐大及最完整的歷史建築群，難得時至今日，仍能保存下來。

在北京市內的行程，當年腳踏車是主要交通工具，從其他香港遊客口中得知，崇文門有家腳踏車出租公司，2元人民幣租賃一天，而且可以過夜。筆者所住的旅社內，提供了一個蠻大的位置給住客，晚上存放腳踏車，於是一連租了五天。

騎著腳踏車「直搗」龍城，莫名興奮，不用再擠公車及地鐵，騎在長安大街，路過天安門時，馬路寬闊得足以五六線行車。不過，這時發現了大問題，目的地主要是故宮，但沒能找到可供停腳踏車的位置，天安門前根本沒有「車位」，雖然看到有些小攤販旁有一兩輛腳踏車停放，但可能是老闆私人擁有。沒有辦法之下，心想紫禁

城是長方形的，我沿著城旁找一找其他入口不也一樣嗎？

結果這想法是大錯特錯，紫禁城是長方形，但在城的東西兩旁依然屹立了大量民居，內裏的胡同（衚衕）錯綜複雜，在沒有導航的年代，倚靠著一張簡單地圖，根本不足在小巷弄中找到出路，一旦迷路了，麻煩就大了。

轉了一圈，唯有鑽到城北的景山公園前，即故宮北面的神武門下車。在這裏，找到有一個位置，停滿了很多腳踏車，相信是可以停車的地方，於是停下來，購票進入故宮博物院，門票五角，但我是外賓，要付二元。

從北向南走，經過坤寧宮、乾清宮、保和殿、中和殿、太和殿等，建築宏偉，氣勢磅礡。對我來說，當然是太和殿最吸引，它俗稱「金鑾殿」，除了是故宮中最宏偉的建築之外，也是皇帝登基、冊封大臣、頒佈政令等的全國重地。當然，遊客不能錯過一睹龍椅的機會，雖然未能進去，但在門口仍然可以拍攝殿內照片。

由金鑾殿一直走到午門，這裏是故宮的出入口，如果要出去，再回去北門，必須重新買票。

為了省點路費，決定「神龍擺尾」，回頭看看專題館，例如鐘錶館、玩具館等。內裏珍藏大量清帝玩物，彌足珍貴，擺放了數百年前的機器人（不是用電的），甚至可以寫出毛筆字，惟當下只是放著展覽，多年後看電視才看知道這些「神器」的功能。

再回到「內廷」，仔細看看乾清宮、交泰殿等地方，再到御花園幻想一下宮女撲蝶，一天很快就過去，這裏的建築及展品豐富到不得了，一天又怎能看得夠，決定之後再來一次，結果整趟旅程去了故宮三次！

步回北面，再登上景山公園，無甚特別的小山，惟可遠眺歷盡滄桑的紫禁城，同時在一棵聲稱崇貞上吊的樹旁，悼念一下先帝。

快談北京

作者：明士心

　　隨筆來到最後一篇，忽爾發覺，原來北京之行，一半還沒有寫到，還有很多、很多、很多故事想同大家分享，無奈篇幅所限，只能期待將來，有緣再說。

　　既然是最後一篇，就只能簡述這段旅程餘下的日子，曾經到過甚麼地方。正如前述，租了腳踏車之後，可以自由自在的在北京遊玩，幸好市內都是平地，騎著腳踏車並沒有太勞累。腳踏車當時是在北京的主要交通工具，最遙遠的一程是前往北京動物園，從旅社「奔馳」過去，差不多花了一小時才抵達。

　　其他市內古蹟方面，包括天壇、雍和宮、北海公園、大鐘寺、孔廟，還包括三次到訪故宮。有一次是大清早抵達故宮排隊入內，目的是為了拍幾張「無人」的純景物照片，可惜，雖然我已經排在前幾位，但是有些人可以優先進去，特事特辦，根本就不用排隊……為何如此？你懂的，恐怕不用多費唇舌了。

　　當我準時 8 時 30 分跟著排隊的遊客陸續進入時，原來太和殿、中和殿等的重要建築已經人山人海，故只能轉往一些偏殿參觀，當時已無

心思找它們的名字了，只要看到周邊沒有遊客，就急急按下快門，拍了幾分鐘，洶湧的人潮出現，不得不放棄拍攝「純景物照」，乖乖的繼續專心欣賞這座歷史建築。

走出故宮，再到天安門廣場，除了感到這是一個非常大的廣場之外，也留意到旁邊的人民大會堂、中國歷史博物館等，還有遠一點點的軍事博物館及自然科學博物館。幾個博物館的展品非常豐富，種類琳瑯滿目，雖然擺設算不上頂級，但一些文物極具鑑賞價值，資料詳盡，對於熱愛歷史的筆者而言，實在意猶未盡、回味無窮、眼界大開。

中國歷史博物館的展品，由石器時代至近現代，文字介紹巨細無遺，還有多本古書想花多些時間閱讀，如《山海經》、《佛國記》等都是年代久遠的線裝書，即使「只得一頁」公開給遊客，但已心滿意足。

至於軍事博物館，內裏既可看到海陸空的武器，也有不同年代的軍機及坦克等，令人嘆為觀止，更少不了大陸民眾必須熟讀的抗日歷史，讀這些總好過看抗日劇。然而，就連中華民國軍

旗也是展品一部份，甚至提到國民黨保家衛國時的幾場戰役（所謂的正面戰場），這一點倒令人有點意外。

本來，我計劃到蘆溝橋走一趟，可惜陰差陽錯，錯過了火車班次，也失去了在現場緬懷七七事變的難得機會。最後一天的晚上 6 時多，來到北京站的國際候車室，登上 8 點開出往廣州的火車。終於回程了，可能是在國際候車室買車票的關係，整個硬臥車廂內全是香港遊客，回程的三十多小時，幾乎不用睡覺，與多位「鄉里」暢談甚歡，天南地北，愉快中由北京經廣州抵港。

拿坡里奇遇（上）

作者：Aima

　　2016 年 11 月的深秋，為了實現人生第一次親臨現場的歐洲冠軍杯，我冒著被父母親責罵、被同事誤認為生活過度奢侈靡爛的風險，下定決心於七個月後，再衝一次羅馬與拿坡里。意外地，我父母親竟然完全支持我！只一再地叮嚀我，一個女生在義大利旅行要多小心！真的非常感謝我父母在各層原因上的理解與對我的疼惜！

　　旅行第一天，諸多的不順遂彷彿就在預告我這次的義大利之行會是一波三折！於法國戴高樂機場，沒有在預期的時間內轉機，只能搭延後四小時的另一班班機；在抵達羅馬後，遇到地鐵罷工，只能苦苦排隊一小時後搭上不熟悉的擠沙丁魚公車；公車上遇到一位墨索里尼支持者的英文老師一直跟我聊天，結果我下錯站，又拖著行李走了 30 分鐘才抵達我投宿的青旅；好不容易在下午安頓好自己，走到梵蒂岡的聖彼得教堂，興奮著想要去通過教堂裡 25 年才打開一次的聖門時[1]，教會的工作人員跟我說：「很遺憾！教宗 Franciscus 今天早上已進行了聖門的

---

[1] 聖門開啟的年份，前一次在 2000 年，下一次原本應該在 2025 年，但由於 2015 年為「慈悲特殊禧年」，教宗方濟各破例在 2015 年 12 月 8 日打開被水泥封起來的聖門，直到 2016 年 11 月 20 日早上，再度用水泥封住。

封門儀式......」。我的玻璃心「啪」的一聲完全碎了。

　　果然，倉促之下而決定的旅行，無法掌握的情況真的比一般時候多出了非常多！我學到教訓了。

　　旅行的第三天，我抵達了拿坡里。然後，不到三小時，我的手機就在用晚餐後，被餐廳的工作人員偷了！這才是真正要崩潰的事情，好似我人生的一半都不見了！我所有的電子票證、我已拍攝的照片、我未來要拍攝的照片、全部的旅行計劃、我與當地朋友以及父母親聯繫的唯一工具，就這樣沒了！當下只能慶幸錢包、手錶與護照都還在。

　　從手機遺失的第一刻起，到我回到台灣前的這段時間，發生很多一生難忘的故事，讓我真心覺得，旅行不帶手機、不帶相機，也會有許多另類的美好，更多靜心欣賞美景、一個人沉思的時間，也與當地人更多互動的機會。

　　到了第四天，真正的難題來了！我跟兩位拿坡里友人已經約好在 11 月 23 日的晚上到聖保羅球場[2]看「拿坡里」對上「基輔迪納摩」的

---

[2] 聖保羅球場（Stadio San Paolo）於 2020 年 12 月 5 日，由拿坡里政府和議會通過表決，把球場改名為「迪亞哥·阿曼多·馬拉度納球場」。

球賽，而我必須自己搭公車到我朋友家附近那一站，然後再一同前往球場。

比賽前一晚，我使用青旅的電腦跟朋友在臉書上做見面前的最終確認，「在港口前的公車站牌，搭上 XX 號公車，一但公車行駛過了『山洞』，妳就要按鈴下車，千萬不要錯過了！」Francesco 如此叮嚀著，我戰戰兢兢的回答他：「好！沒問題！」

當日的白天，我只敢在我熟悉的範圍活動，外表上悠閒的度過一天、內心中卻是驚濤駭浪。到了傍晚我順利的搭上了那班的公車，公車內仍然很擁擠，而且司機又開得很快，我緊拉著手環，一次又一次試圖想站穩，卻一再的狼狽撞上旁邊的人，此時車廂內一位非裔年輕男子，非常好心抓住我的手臂，幫助我站穩一些。

公車裡，我與這位非裔年輕人格外醒目，因為只有我們兩人的外表顯得與其他人完全不一樣。車廂內的其他乘客，總是有意無意的看著我們兩人。我向這位好心的年輕人道謝後，他好奇的問我打從哪裡來、又為何而來。

拿坡里奇遇（中）

作者：Aima

　　在盡量精簡的說明整個來龍去脈後，這位年輕人很愉悅的跟我說：「妳放心！我知道球場那一站在哪裡，我要下車的地方在球場之後，所以我可以一直陪妳到球場那一站，妳可以安心了！」「但是……」我很不放心的回答：「我朋友要我過了山洞就下車呢！」年輕人信誓旦旦的跟我說：「山洞過後，離球場還有一段路，妳朋友可能搞錯了，或是妳聽錯了！妳不用擔心，球場在哪一站，我很清楚！」我實在不想繼續跟他爭辯，一來我英語能力有限，二來我一直感覺到車上的視線，讓我不是很舒服，於是我開啟了其他話題，緩和了情緒，放低聲量跟他聊一些無關緊要的事。

　　終於我也看到球場了！年輕人開心的跟我說：「妳瞧！這不就到球場了嗎？準備下車吧！很高興跟妳聊天喔！Forza Napoli！」我用一種存有疑慮的心情、但又不想被他察覺到我這樣想的情緒感謝他後，便與他道別。因為，他真的很善良熱心，我不想讓他覺得他好像幫錯忙了！

　　下了車，我走到一個人少的角落，冷靜下來仔細回想我到底與 Francesco 約定了什麼。慘了！我不是跟他約在球場！而是跟他約在他家附近啊！自從手機被竊之後，我就一直心神不定，連這樣的小事也搞錯，我對自己相當的生氣與失望。

　　事到如今，我只能鼓起勇氣，想辦法一步一步？不！用小跑的方式，跑回山洞附近的公車站了！而且要抓緊時間！

　　我開始掃視往來球場的人們，「找年輕人問路吧！他們應該可以講英文！」我心裡想著，便攔住一位外表不到 20 歲的當地年輕人，問他山洞在哪一個方向，他很親切的回答我，而且告知我山洞離球場是有些遠的，我感謝他後，顧不得一切，開始往山洞的方向小跑起來，「奔跑吧！」我那天身穿藍色洋裝，手提兩大包糖村的伴手禮，一邊咒罵一邊跑（笑）。

　　一路上，我只要看到 30 歲以下的年輕人，就會停下來，向對方再次確認山洞的方向。或許是老天爺對我伸出了手，我每次抓到的路人，都會講英語。「義大利南部人的英語程度，並沒有書上或是網路上說的那麼差嘛！」意識到自己得到新的知識，我這段路也沒白跑了（大概），而且似乎越跑越輕快？！

　　隨著天色漸漸轉暗，終於皇天不負苦心人，這山洞，是被我給跑到了（笑）。但新的問題產生，這附近有兩個公車站牌，而且我並沒有看見 Francesco。我猶豫著該如何是好時，一群散步的老爺爺們朝我走過來。「FORZA NAPOLI !!!」他們看到我的拿坡里圍巾，很高興的對我喊著，我指著其中一個公車站牌，用破義大利語問：

61

「Stadio San Paolo (聖保羅球場)?」(我也很高興呢) ......「No no no no！」阿公們搖著頭，領我到另一個公車站牌，「Stadio San Paolo！」那位看似領頭羊的阿公指著這個位於白色小教堂前的公車站牌，堅定的跟我說。此時我眼眶已經泛淚，抱著這位老爺爺向他道謝，千言萬語一切盡在這條拿坡里圍巾中。

公車站牌前，有兩位穿著時尚，年約 30-35 歲之間的嬌小美女在等公車，但沒有 Francesco。我等了五分鐘後，開始緊張了！距離球賽時間只剩下一小時了，卻為何還沒看到 Francesco？難道他放棄我，自己先到球場了嗎 (事後證實確實如此)？我開始把腦筋動在那兩位美女身上。

「請問 ......那個 ......我要去聖保羅球場看球賽，我跟朋友約在這個公車站牌，但我找不到我朋友，而且我的手機被偷了，可以拜託妳用臉書的 Messenger 打電話給我朋友嗎？」我可憐兮兮地拜託著。兩位美女的英文不是很厲害，但大約能聽懂我在說什麼，人美心美的她們，聽到我手機被偷，便卸下警戒的心房來幫助我！「拜託你一定要接起這通來自陌生人的網路電話啊！Francesco！」我撥了 Messenger，心中暗暗祈禱。

拿坡里奇遇(下)

作者：Aima

聰穎的 Francesco 不負我的期待，接起了這通來自陌生帳號的電話，我想我當時應該是哭了。當其中一位美女批哩啪啦的用義大利語向 Francesco 了解狀況的同時，突然不遠處傳來陣陣警車「歐伊歐伊」的警笛聲。我困惑地朝聲音的方向望去，只見一大～～～群警騎與警車全體閃著警燈、鳴著響笛朝我們三人的方向瘋狂駛過來。完全狀況外的我，下巴脫臼地望著如此大陣仗湧上的拿坡里警方。

「GO GO GO！」Antonella（其中一位美女的名字）緊張地對我喊著，一把用力抓住我的手，三人同朝一個避開警方的方向奮力奔跑而去。（今天怎麼都在跑！）跑了一小段路後，我們跟這群警察們錯開了，但隱隱約約都還是能聽到警笛聲，不知道發生什麼大事了，但，就發生在我們三人的附近！[3]

Antonella 上氣不接下氣地繼續跟 Messenger 中的 Francesco 解釋剛剛發生的一切。而 Francesco 因稍早時候一直在公車站等

---

[3] 當天發生的事件為當地拿坡里的極端球迷與來自烏克蘭基輔的極端球迷之間的鬥毆。根據當地新聞報導，來自基輔的其中一位極端球迷被刀刺中腹部，重傷就醫。

不到我，迫於時間，他已經抵達球場了。Francesco 事後向我解釋說，他知道我很聰明，一定會想辦法找到他的……（苦笑，義大利人真的很會說好聽話）。正當他們商討如何在有限的時間內讓我再度回到球場時，一輛重機緩緩停在我們三人身旁，安全帽摘下，是一位看起來不到 25 歲的高大清秀美女，面部表情非常和善親切，沒有任何的傲氣。

電影中才會發生的情節，就這麼活生生的在我面前上演，而且我還是當事人！這位姑娘騎士，並不是 Antonella 認識的人，她單純看到我們似乎是遇到困難、需要幫助，所以好奇的停下重機，問我們發生什麼事。（這就是以人情著稱的拿坡里吧！私心的認為，這麼熱情的人事物，不會出現在北義大利。）可想像當時我們三人的驚慌全寫在臉上！畢竟警車那一幕，真的蠻嚇人的！

經過一小段四人小組會議後（原先的兩位美女、重機美女、Francesco），重機姑娘溫柔地看著我，拍拍她的後座，要我上她的重機，我比著頭部，示意安全帽，她搖搖頭。然後我就坐上了她的車了！

　　我充滿感激的眼神望著 Antonella，她用暖暖的雙手握著我的手跟我說，她會透過 Francesco 在臉書上找到我的，開心的去看球賽吧！接著，我就在夜晚車水馬龍的拿坡里大街上，沒戴安全帽，坐在重機的後座上，往球場奔馳而去！

　　途中這位心善的高大小妹妹幾度想與我談天，我也想跟她說地，但她完全不會英文、我完全不會義大利文，這可尷尬了！還好她騎很快，引起我驚呼連連，其實，蠻快樂的啦！我只擔心被交警攔下而已。

　　很快的我們來到球場第一個入口處，但舉著告示牌的球場工作人員告知我們這個入口因為太多人排隊，已經暫時封閉起來，請到下一個入口。重機美女在下一個入口停下車，我們兩人同時不安的望向茫茫的人海中……「Aima！」熟悉的聲音大聲的呼喚我！順著聲音的方向，我看見了此時此刻全地球上我最想見到的人！「Frank！」我瘋狂的喊著，眼淚瞬間噴出來！我不知道為什麼 Francesco 會在第二個入口（球場有好幾個入口），但他找到我了！他找到我了！他找到我了呀！

　　與重機美女離別的時刻，我還在哭，我把手上其中一大袋糖村的禮盒硬是塞給她，她一直說「No！No！No！」最終敵不過我強烈的堅持，很不好意思地收下，然後騎上重機，離開了我與Francesco的視線。「她是天使吧！」我心中如此的想。

　　今天，我在拿坡里，遇到了很多天使呢！

青春遊隨筆

防人之心不可無(上)

作者：Aima

　　亞洲人在義大利旅行時，因為外表的與眾不同，再加上大多數為觀光客(等於身上有錢)，最容易成為被不肖人士盯上的目標。常發生的事件就是被偷、被搶、被算計、被不良餐廳剝削宰割。不過就算是當地人，一但稍稍放鬆了警戒心，都是有被歹徒下手的機會的。這種大環境氣氛也培養出拿坡里(我相信不只是拿坡里)的小孩，個個都是人小鬼大、每個都精明到讓我討厭得不要不要的(翻白眼)。

　　第一次在義大利與小孩有接觸，是在佛羅倫斯的新聖母瑪麗亞火車站。一位金髮碧眼、長相討喜、約莫11、12歲的小妹妹，以流利的英文跟我說:「女士，我要買車票，但不夠二歐元，請問可以幫助我嗎?」雖然她用詞上很有禮貌、但卻是嬉皮笑臉、眼睛俏皮地眨呀眨的、一派輕鬆的露齒微笑。「這傢伙是老手了吧!故意指定硬幣面額最高的二歐元!」我心裡這麼想著，「而且她有十成把握我一定會給她!」明知道這是一場騙局，我也只能自認倒霉，乖乖掏出二歐給她，我隻身一人，為了不增加麻煩，也只能付錢消災了!至於這女孩是不是當地人就不得而知。

　　而感受到強烈文化衝擊的那一次，是在拿坡里市郊遇到的、兩位穿著「貝內文托球衣」、看似約小學三年級左右、一瘦一胖的小男孩。貝

內文托足球隊（Benevento Calcio）與拿坡里足球隊（SSC Napoli）同屬為坎帕尼亞大區（Campania）的兩支義甲球隊（貝內文托於2021年5月份確定再度降級至義乙聯賽）。由於一直到2017年，貝內文托才終於在88年隊史上第一次晉身義甲聯賽，所以在此之前，貝內文托人也大多同時是拿坡里球迷。

「這兩個小傢伙真可愛！還提著一顆足球！想必是學校足球隊隊員吧！」剛好我那天穿著拿坡里水藍色的外套，與他們兩人亮橘黃色直條紋相間的球衣形成了強烈的對比。我興高采烈的走到他們面前，但又很擔心他們會不會被我這突如其來的亞洲怪阿姨嚇到，所以保持了一點距離，很客氣的用英語問是否可以一起自拍，並一邊用手機比出按快門的動作。「Selfie？」小瘦子問著。WOW！沒想到他們英文不錯！我摔著我的拿坡里外套、微笑地點了點頭。他們倆對視了一眼，接著小瘦子便賊頭賊腦地向我伸出他的手掌說：「Five Euro！」竟然直接開價紙幣的面額！不把硬幣放在眼裡。

此時此刻，我是有點懵了，內心裡叫喊著：「怎麼！？為什麼會跟我在日本遇到的小朋友都不一樣！？」小瘦子看我傻了，再一次用命令的口吻說：「Selfie！Five Euro！」伴隨著強勢的伸手動作！小胖子在旁咯咯笑著。我的思緒

被文化差異的衝擊所震撼住，一時之間無法坦率接受這種情況的我還是溫和的跟他說「Sorry！No！」並準備轉身離去。此時小瘦子突然大爆走，跑到我面前對我怒吼「Fxxk you！」附加中指一枚，然後就與小胖子一溜煙的跑走了。「臭小子！」是的，我被他們教了一課！

　　2019 年在拿坡里市區的纜車車站，我也碰到一群要進車站的吵鬧小男孩們，當時我正要走出車站，他們一群人還擋在門口話說個不停，「Mi scusi...(抱歉打擾了)！」我生硬的說出我知道的僅僅十個義大利文單字的其中一個。他們看了看我，其中一人對著其他人大聲的說：「〆%¥♪ giapponese *#^£！」我猜翻譯起來大概就是：「喂！有一個日本人要過！」 聽到 giapponese 我整個人瞬間火大！對！氣勢上絕對不能輸給這些沒有見識的孩子！我拉高嗓門大聲的說：「io sono taiwanese（ 拎北台灣郎啦）！」並且瞪著他們。「&@ "= taiwanese ㄒ°€☆！」引起這群小孩一陣七嘴八舌。「她說她是台灣人欸！」我猜他們是如此說的。然後，我就頭也不回、昂首闊步的往我的目的地走去。我到底跟小孩子們爭什麼自尊啊！（笑）

防人之心不可無（下）

作者：Aima

　　「在義大利沒被偷過，等於沒來過義大利！」網路的旅遊文章上流傳著這麼一句話。嗯……其實把「義大利」改成「歐洲」也是完全沒有違和感的。在一次翻閱家父的美術圖鑑時，看到一幅令我印象特別深刻的寫實畫：法國巴洛克時代畫家「拉圖爾（Georges de La Tour）」約於 1630 年的油畫「算命者（The Fortune Teller）」。畫中那穿著華麗、看似有錢的年輕人正用高傲的態度在聽著一位面容枯槁的吉普賽老太太算命，完全沒有注意到圍繞在自己身邊的另外三位美麗的年輕女性已經出手在扒走他身上價值高的物品，而那三位年輕女性的其中一位皮膚非常白皙，穿著風格也與吉普賽人不同，顯示她並不是吉普賽人。有趣的是，拉圖爾特別細膩的表現出這位白人女子臉部的警覺與狡猾。「真的是！幾百年的騙術啊！」我心頭一揪……回想起我在羅馬 EUR 馬莉亞娜車站（EUR Magliana）遇到的「美少女三人組」。

　　EUR 為羅馬近郊的新都心，1935 年，墨索里尼為了準備舉辦 1942 年萬國博覽會而決定在羅馬南部近郊建設的新市區，來作為博覽會

場地。在地鐵站附近有兩座非常宏偉、非常搶眼的法西斯建築，分別是「義大利文明宮」與「奧斯蒂耶恩賽大道－聖彼得聖保羅堂」（名字好長……）。初次看到這兩座建築，不禁令我驚嘆她們簡潔有力的外觀以及對稱美，與之前所看過的古希臘式建築、巴洛克式建築的華麗完全不同，是一種絕對權威的宣示。不過……這兩棟建築此時此刻又顯得特別孤獨，有一種與世隔絕、被遺忘的惆悵感。義大利名導「安東尼奧尼」1961 年的愛情電影《蝕》（又名：慾海含羞花）也在此區拍攝。一般來說，外國遊客是不會跑到這裡來的，因為光是遊玩羅馬市區以及梵蒂岡，就可以花上好幾天。我也不例外，是因為要在回台灣前一天與好友 Michele 道別，才意外來到這個稍稍偏遠的 EUR 區。現在回想起來，很慶幸自己來過這裡，見證歷史的小小一部分！另外還有一座龐大的建築物「羅馬文明博物館（義大利語：Museo della Civiltà Romana）」是我未來想參觀的地方，該館目前仍是處於閉館修復中的狀態。

車上的乘客稀稀落落，我也因而心情放鬆了不少（嚴重的錯誤示範！），雀躍期待著見到

好友。下了地鐵，我順著樓梯往上準備走到出口閘門，此時我感覺身後有人碰到我的背包，我下意識回頭，不知曾幾何時，已經有三個年輕金髮白皮膚美眉無聲無息地、完全地貼近我！我嚇了一大跳，眼神立刻變得犀利起來，其中一位美眉，用深藍色的薄外套蓋住她自己的雙手，當然這薄外套也有一部分是蓋在我的背包上的！她瞬間捲起她的薄外套，慌張地用不帶義大利口音的英文跟我說「喔喔～抱歉！撞到妳了！不好意思餒！」然後就故作無事的姿態，與另外兩位夥伴有說有笑的快速離開犯案現場。我停留在樓梯上，雙腳像是被黏住一樣無法動彈，直到她們三人完全離開我的視線。

「連這樣的地方也有扒手！！！而且還是白人扒手！！！」我很震驚又生氣！氣自己太輕忽義大利了！對！不管處在義大利什麼鳥不生蛋的地方，請務必把背包揹在胸前！

在歐洲，隨身物品被偷了之後，是很殘酷的！相對台灣警察的熱心，歐洲警察大多表現很冷漠，即使是如義大利這樣愛聊天的友善警察們，對於遊客物品失竊，他們實在太習以為常，基本

上是不會幫助失竊受害者的！2016年在我手機失竊，去拿坡里警局備案後，我向當時值班的警官表示我想借用電話給父母報平安，他直接撲克臉，語氣極為平淡的拒絕了我，沒有絲毫的同情。能如何呢？「那時候，我只剩下勇敢」了吧（苦笑）！

青春遊隨筆

在拿坡里
看球賽的回憶點點滴滴

作者：Aima

　　與 Napoli 的緣分起始於拿坡里民謠以及
Diego Maradona。

　　很小的時候，就跟著家父一起熬夜看世界
杯。我還記得當時我母親一直反對我熬夜，但我
父親是一個極為感性的人，只要是他喜歡的事
物，身為女兒的我樂意跟著他一起度過短暫放
縱的日子也無所謂（笑）。1986 年，我認識了
Diego Maradona，並成了阿根廷的球迷；1990
年，我學習到了原來現行德國國歌的旋律來自
奧地利作曲家海頓的弦樂四重奏；1994 年我為
義大利哭泣不已；1998 年我還是支持阿根廷與
義大利，但我非常的享受法國世界杯的開幕式
以及閉幕式，尤其閉幕式浩大又優雅的排場配
上法國偉大音樂家拉威爾的 Boléro，真是讓我
興奮極了；直到 2002 年日韓世界杯，不才的我
終於赫然發現原來足球有職業隊，不然我之前
一直都以為足球員四年才踢一次比賽（汗
顏）……

　　2002 年世界杯結束後，我開始追隨兩位球
員，一位是義大利的 Fabio Cannavaro，另一位
是阿根廷的 Pablo Aimar。直到 2010 年我認識

了 Francesco，他告訴我：「Aima 我覺得妳應該要支持拿坡里這隻球隊，因為 Fabio 是拿坡里人，他就住在我家附近，而且 Diego 為拿坡里贏得唯二的兩座義甲冠軍！妳注定要成為拿坡里球迷的！」就這樣，我成了一位很艱辛的拿坡里球迷！

2016 年 4 月我初次到拿坡里，在當時還稱作聖保羅的足球場看了人生第一場現場的 SERIE A（義甲聯賽）。我很幸運，那天拿坡里 6 比 0 痛宰波隆那，我見證到了比利時球員 Mertens 在義甲的第一次帽子戲法！球賽固然讓我印象深刻，但更特別的是，聖保羅球場雖然外觀很美很雄偉，老實說……卻是金玉其外、敗絮其中！球場內不論是座位或是廁所都髒亂得很噁心，座椅又黑又老舊，我一直不想坐在座位上，實在是太髒了！

2016 年 11 月，我又回到拿坡里觀看人生第一場現場的歐洲冠軍杯！一樣是那個環境堪憂的聖保羅球場（笑）！這一次我沒那麼幸運了，我站了整整 90 分鐘卻得到一個零比零的結果（呵欠）！唯一開心的是，當歐冠的主題曲環繞

在整座球場時，我跟所有現場的球迷們一起高喊主題曲最後一句「The Champion！」據說，整個拿坡里市區都會聽到這句吶喊！（出現了！義大利式的吹牛！笑笑笑）

2018 年 4 月，第三度來到這……無法言喻的「親民的」聖保羅球場。那陣子拿坡里球隊的狀況不是很好，球隊氣氛低迷，但是，那是一場最撼動人心的比賽！當日的對手是義甲後段班的切沃，拿坡里一直沒有進入狀況，沒想到在第 73 分先被切沃進一球了！頓時整個球場鴉雀無聲，只有切沃球員開心慶祝的吶喊，詭異的氛圍籠罩整座球場。跟我一起看球賽的 Aurelio 面如死灰，我一直安慰他「拿坡里會進球的」！但連我自己都知道這只是逞強的安慰。自此 Aurelio 完全陷入了沈默，無法再開口。就在球賽無情的來到即將要結束的第 89 分鐘時，突然！拿坡里的米利克踢進美麗的一球！扳平了！

「啊啊啊啊啊啊～～～」瞬間球場所有的人都發狂了！好似要暴動了一樣！Aurelio 一屁股跳起來抱著我，哭著尖叫說：「進球了！進球了！終於進球了！」淚水縱橫的臉、顫抖不已

的雙手！他的反應比這顆進球讓我更驚嚇啊！隨著整隊球員、整場球迷氣勢的高漲，我那天看到了奇蹟，拿坡里在最後的補時階段，由小將迪亞瓦拉射入了致勝的一球，他跪在草地上，雙手指向天空，感謝上帝賜與他的神蹟，並且把這顆義甲的處子球獻給了母親！此時換成我開始哭泣了！「我們贏了啊！太好了啊啊啊啊！」

然後，那天整個拿坡里市區就發瘋了！（笑笑笑）在我們離開球場的同時，沿途所有的汽機車的司機，包括 Aurelio，都使勁全力地亂按喇叭，這是特殊的贏球儀式！響徹雲霄的喇叭聲似乎意圖把整個拿坡里市掀起來！

聖保羅球場在 2019 年 7 月因世大運主辦地的關係，重新整理，變得美輪美奐，可惜目前我還無緣親臨這座徹底改頭換面的「馬拉度納球場」，盼未來兩、三年之內，還能再回到我所思念的拿坡里！

青春遊隨筆

平民美食的天堂

作者：Aima

　　「拿坡里？嗯！那不是賣披薩的嗎？」自從成為拿坡里足球隊的鐵粉之後，我便越來越在意親朋好友們對拿坡里這個城市的看法，不料卻常常得到這個可愛的答案，讓人好氣又好笑。我確實難以反駁，只因萬惡的平民美食「披薩」正是發源於拿坡里。Pizza 不但是最有效率的國民外交，也是征服世界的最大利器呀！哪個國家沒有賣烤披薩呢？（笑）

　　多年前的台灣，販售的都是被義大利人所唾棄的美式披薩，我很理解拿坡里人、義大利人對正統義大利披薩的堅守，正因為拿坡里人如此的維護傳統、維護到讓我感受到一股極致排外的力量，瑪格麗特披薩才得以在百年後仍然保有最原汁原味、最單純、最自然的風味。近幾年，台灣也出了好幾位本土優秀的披薩師傅，他們遠征拿坡里參與世界披薩大賽，不但在當地習得一身絕技，也在大賽中屢屢獲獎，並把這些甜美的果實帶回台灣推廣。

　　「在拿坡里城市能立足的 Pizzeria(原意：烤 pizza 的小店)，不會有任何一家是令人失望的！」不論是電影「享受吧！一個人的旅行」裡推薦的 Da Michele、或是自稱發明瑪格麗特披薩的 Pizzeria Brandi、又或是狹窄巷弄間任何

一家的 pizzeria，都不需要遲疑，進去享用便是！全部都是挑嘴又龜毛的拿坡里人嚴格檢視過的（笑）！

　　瑪格麗特披薩上最特別的食材非屬莫札瑞拉起司了，又名水牛起司。第一次嚐到「所謂真正的水牛起司」是在 Francesco 家作客的時候，由 Francesco 端出的一盤擺放著 2、3 個男生拳頭般大小的純白色球狀物，是我從來沒看過的東西！我的雙眼為之一亮！Francesco 一遍又一遍的說著：「只有在拿坡里才能吃到真正的水牛起司、其他地方賣的都是假的！」我不敢有任何一絲怠慢，神聖地把一口份量的水牛起司放入口中......溫潤的奶香味逐漸融化在嘴裡，獨一無二的咀嚼感（起司的表皮結實、內部柔軟），我無法形容！我只知道從此以後我成了水牛起司的忠實信徒，不論是在日本的知名 pizzeria 或是台灣的高檔歐洲食品商店，我都試圖追尋這讓我魂牽夢縈的美食。可惜數次採買的結果大多只有換得 Francesco 一陣的揶揄，「就跟妳說那些都假的！」他得意的笑著。也不知道是不是錯覺，在拿坡里吃的水牛起司就是特別美味，因為......因為......因為......啊！這水牛起司是被拿坡里這塊土地孕育出來的關係吧！

　　除了較為人所知的窯烤披薩，拿坡里街頭還能發現各種 pizza fritta，中文是炸披薩。有天 Michele 興奮地拉著我說：「走！我們今天要去吃全拿坡里最棒的炸披薩！」一樣是路邊一家千遍一律的小店，叫做「Pizzeria De' Figliole」。我們各買了一份，然後坐在路邊吃起來。酥脆的金黃色麵皮裹著滿滿的餡、有莫札瑞拉起司、還有其他種類的起司、新鮮番茄、番茄醬……等，咬下第一口後，我撐大眼睛望著 Michele 驚呼道：「天啊！這也太好吃了吧！」

　　令我難以忘懷的滋味還有那一次我跟著 Raffaele Sarnataro（以下簡稱 Raffy）在拿坡里考古博物館附近的小巷弄裡，正要去「Mangi & Bevi」吃午餐。當我們走路經過了拿坡里音樂學院後，可能因為一直行走於起起伏伏的山坡地形緣故，兩人突然餓起來，便在路旁的小吃店「Friggitoria Versace Napoli」隨手買了個炸肉丸子邊走邊享用。炸肉丸子又香又多汁，熱呼呼的，讓原本稍嫌沉重的步伐又輕盈起來。「Mangi & Bevi」是當地知名的家庭餐廳，佈置溫馨的白色基底小店內被食客們擠得水泄不通，移動之間都必須保持側身。我跟 Raffy 點了滿桌的家常菜與可以一直續壺的冰白酒，與同

桌其他不認識的在地食客們用破英文一邊談天一邊不停把食物往嘴裡塞。

　　要去拿坡里遊玩之前、請務必先減重個 3 到 5 公斤！因為還有「炸通心麵」、「炸起司丸子」、「炸起司飯糰」......啊！以及一堆甜死人不償命的點心呀！

青春遊隨筆

甜點的天堂

作者：Aima

　　明亮乾淨的大玻璃窗、古典秀氣的黑色招牌，走進這裝潢高級的甜點店「Leopoldo Infante」裡，都會立刻被那透明冰櫥櫃中玲琅滿目的甜點蛋糕所吸引。我說不出這些甜點名字，都是我在台灣或是日本未曾見過的，有的以水果裝飾得色彩繽紛、有的鋪滿了不同形狀的巧克力碎片、有的看似塗上厚厚的一層卡士達醬以及糖霜、灑滿了的堅果，只能悲嘆我無法每一種都買一個來試試看，就算每天吃一種，一個月也還是吃不完的。拿坡里街上的商店就是這樣，除了一兩條比較觀光性質的商店街以外，其餘的店家都不會聚集於同一個地點，它們會安靜的散落在當地人居住的房屋之間，大部分都是外表一點都不起眼的老舊小店，但實質臥虎藏龍。Leopoldo Infante 也是如此，縱使它看似有昂貴的裝潢，但販售的甜點、咖啡價格都非常的親民，它為每個市民服務，而不是只賺富人家的錢。我雙眼緊緊地注視這些如珠寶般發光的甜點，無從下手。Francesco 告訴我「那就吃babà 吧！」Babà 是一種蘑菇形狀，浸泡在蘭姆酒果糖漿裡的一種酵母蛋糕，由法國傳入拿坡里。babà 的大小有從小到一口份量的至巨大如一條煙燻火腿般粗的，口味多種。我挑選了一個

一口份量的 Nutella 巧克力榛果醬口味，也就是以原味的 babà 綴上一抹 Nutella 醬。一口咬下,唇齒之間頓時擴散出蘭姆酒淡淡的迷人香氣,蛋糕本身濕潤柔軟,讓我一試成主顧。每當我來到拿坡里以及離開拿坡里的時候,我都會買一份 babà,像是在宣告「拿坡里!我又回來了喔!」以及在道別「拿坡里!我下次再來喔!」如此的心境,也讓我在咀嚼 babà 的同時,似乎觸及到更深層的味道。

拿坡里還有另外一種傳統點心叫做 sfogliatella,為蛤蜊形狀的千層酥,有迷你的,有大至如馬蜂尺寸的。一開始我以為這千層酥都是包甜餡,直到 Michele 帶我去拿坡里中央車站附近的「Cuori di Sfogliatella」甜點店,才知道原來還有 Salsiccia e friarielli（義式香腸+friarielli）鹹口味的。friarielli 是產於坎帕尼亞大區的深綠色蔬菜,油菜的近親,目前還未有相對應的中文名稱。白醬 Salsiccia e friarielli 在拿坡里也是最基本款口味的 pizza,在台灣的正統拿坡里披薩店也大多能吃到這個口味喔!（不是那間被披薩耽誤的 Napoli 炸雞連鎖店喔!笑笑笑）

　　那義式冰淇淋呢？（吞口水）可以試試看在拿坡里市區內就有數家分店的「Mennella Il Gelato」，口味當然不能少了開心果、花生、巧克力，真的超級好吃的，屬於牛奶味濃郁、口感綿密的冰淇淋。但是，好甜啊！吃完一份隔天可以胖一公斤沒問題！

　　當膩了這些高熱量食物後，是不是很想健康一下，換個自然清爽的地中海食物呢？餐餐都 pizza 雖然難不倒我的胃口（畢竟 pizza 在製作上就有數種不同的方式），但卻為難了我的體脂肪。位在市民公園附近的酒吧「Chandelier」是我極力推薦的晚餐好選擇，在店內點一杯飲品再加上少少的自助餐費用，就能無限制享用吧台各式各樣的地中海蔬菜、豆類、根莖類以及口味眾多的一口吐司披薩（好像還是很不健康，笑）。我點了杯素有「義大利國民飲料」之稱的 Aperol Spritz，一種橘色的開胃酒，假裝自己很優雅的拿了點蔬菜豆類烤馬鈴薯，然後還是腦波很弱的夾取幾塊一口披薩，沒辦法！看起來實在太可口了！我把熟食端到戶外街角的座位上，時而看了看往來絡繹不絕的人潮，感受著傍晚的微風吹拂，直到天色全暗了才不捨的離去。

拿坡里散策地圖（上）

作者：Aime

　　遊客們來到拿坡里必跑的五個行程：披薩、國立考古博物館、卡布里島夢幻的藍洞、舉世聞名之龐貝古城以及宛如天堂的波西塔諾。實際上，這五個行程只有披薩與國立考古博物館在拿坡里市區內，其餘皆是市區外圍的景點。拿坡里約莫發展於西元前 600 年，有著古希臘、羅馬、法蘭西、西班牙所留下的印記，又位居最重要的地中海港口之一，不但歷史豐富，也是音樂、藝術與人文薈萃之地，值得更深入探索。

　　距離地鐵站 Materdei 步行約 10 至 15 分鐘，地勢起伏不定的巷弄間，隱藏了一個很「特～～～別」的景點。它處在凝灰岩山坡，巨大高聳洞穴的岩石教堂中，名為豐塔內爾公墓（Cimitero delle Fontanelle），是一個超大型骨庫，裡面的人骨大都來自於 17 世紀瘟疫的亡者，當時在拿坡里市死了一半的市民，然後在 19 世紀時，神父 Gaetano Barbati 將這些龐大數量混亂埋葬的骨骼殘骸分解並編目。之後漸漸的在拿坡里發展出一種對這些無名死者遺體狂熱崇拜的儀式，人們對著這些骨頭，特別是頭顱祈禱許願，如果領受到骨頭顯現神蹟，就會贈以鮮花、飾品或為骨頭建造一個木製小房子，這種奉獻崇拜儀式持續到 20 世紀中期。1969 年，

拿坡里紅衣主教 Ursi 決定將這種奉獻認定已經墮落成為「拜物教」並命令墓地關閉。直到2002年，市政府開始修復這個歷史遺跡，並在2010年重新對外開放免費參觀。這樣的人骨教堂在歐洲其他國家譬如西班牙、奧地利也都能見到，但大多是在封閉的室內裡，不免讓人心生恐懼，但豐塔內爾公墓是一個完全開放的空間，這些將近 400 年之久的骨頭已與凝灰岩單一的色調融合在一起。參觀的同時，除了替這些因病過世之人哀悼之外，也會被如此壯觀的人骨、鬼斧神工的山洞感到嘖嘖稱奇。由於此景點並不廣為人所知，所以遊客稀稀疏疏，加上地形特殊，反而讓我感覺清幽。

　　鄰近地鐵站 Napoli Piazza Cavour，步行三分鐘之處，有一棟「西班牙宮」（Palazzo dello Spagnolo）座落在這破舊雜亂的住宅區裡，一個連在地人都不清楚的秘密景點（笑）。而我則是偶然從一首拿坡里歌曲 MV 裡發現的，歌曲是有義大利國民歌手著稱的 Gigi D'Alessio 所翻唱的 'A città' e Pulecenella（小丑普欽奈拉之城）。歌詞描述著拿坡里的美麗與哀愁，觀賞歌曲 MV 則可飽覽拿坡里市風光，當中西班牙宮的鏡頭引起了我的注意，因為那是 MV 畫面

裡，我唯一不知道的地方！西班牙宮建於 1738
年，以其內部八角形的庭院、精緻的雙重樓梯間、
華麗的後巴洛克裝飾風格為特色。二樓與三樓
設置有國寶級演員——Totò（1898 年～1967 年）
的博物館，目前尚未開放（非常拿坡里 style，
一堆公共建設工程長年處於停擺狀態）。比較可
惜的是，因為年久失修，屋況顯得老舊殘破。即
使如此，它靜靜的矗立在此，獨樹一格，仍不失
其風采。

　　地鐵 Museo 站除了旁邊就是考古博物館，
本身也是個特色車站，內部充滿考古元素的裝
潢，像是為博物館做了個預告一般。而在距離車
站步行約 10 分鐘，另一個太陽光照射不到的陰
暗小巷弄裡……（對不起，小巷弄 again！但！
這就是拿坡里啊！）站著一長列的排隊遊客！
我大為震驚，竟然在拿坡里可以看到不是為了
披薩而排隊的人潮！內心深處湧現莫名的欣慰
感（笑）。這些遊客正在依序購買聖塞維諾小堂
（Museo Cappella Sansevero）的門票，只為
了目睹洛可可時期重要的拿坡里雕刻家
Giuseppe Sanmartino 於 1753 年的驚世大理
石雕像——蒙紗的基督。作品呈現耶穌受難去
世後，躺在長椅上，身上覆蓋一層透明長袍的面

貌，栩栩如生，不僅能從面部與身體感受到基督生前的痛苦，更令人讚嘆那以大理石刻成的長袍看似既透明柔軟又帶有布料的光澤，真實到曾有傳說這尊雕像原本覆蓋著真正的面紗，是透過煉金術士經年累月，一點一滴的把布料轉變成大理石的！聖塞維諾小堂內部嚴禁拍攝，不過該門票上印製有蒙紗基督的部分照片，相當精美，算是能讓我睹物思景了。

青春遊隨筆

拿坡里散策地圖（下）

作者：Aime

Cameo 在台灣稱為貝殼浮雕，是一種在任何尺寸的貝殼表層上浮雕出細膩圖案的極精密工藝品。Cameo(貝殼浮雕)最初可能起源於 15 世紀。當時歐洲正處於大航海時代，水手們 (或是海軍) 每一次的出航，便得歷經數個月、甚至數年，才能回到愛人或妻子的身邊，出於對遠方愛慕之人的思念，將此情一一刻畫在海螺、海貝上，所以早期的 Cameo 幾乎都是以美麗的女性為題材。18 世紀中葉後，因引進在加勒比海域發現的皇后海螺，一種非常適合浮雕的貝殼，讓 Cameo 在歐洲廣為流行！深受中產階級到皇室貴族、女性到男性的喜愛，浮雕的主題也包羅萬象，有講述神話故事的、有歌頌帝王偉業的。曾經興盛輝煌的工藝品，如今，全世界只能在拿坡里尋到 Cameo 雕刻師了！我的貴公子好友 Michele 也是一個小小 Cameo 雕刻師，談不上專業，這只是他興趣的其中之一，也是讓他以拿坡里人為自豪的其中一項原因。他帶我參觀了 Il Piccolo Museo del Camme，一間小而雅緻的 Cameo 博物館。博物館一樓是 Cameo 商品部，項鍊、別針、耳墜、環扣、戒指、手鍊……目不暇接！博物館二樓設有 Cameo 工作室，能讓參

觀者親手觸碰製作 Cameo 的工具，體驗雕刻的過程，並大量展示稀有、大型 Cameo。瑞士頂級製錶 Breguet（寶璣）著名的女性錶款——Reine de Naples 那不勒斯皇后系列的錶盤，即是出自拿坡里 Cameo 雕刻師之手，每一個 Cameo 都是獨一無二的，所以每一枚那不勒斯〈拿坡里〉皇后錶都是舉世無雙的！

2019 年 6 月 9 日，一個夏日的涼爽傍晚，當我獨自漫無目地閒晃在拿坡里歷史中心的街道上，內心為著這趟即將結束的拿坡里之旅而鬱鬱寡歡、悲從中來之際，我在 Cameo 博物館附近的轉角處意外撞見了 Jorit 的 San Gennaro（聖雅納略）大型壁畫，「誒～～～什麼！」掩蓋不住內心的激動與興奮，我從壁畫的左邊晃到右邊、右邊晃回左邊，往前靠近了壁畫卻又後退了好幾步，來來回回的，儼然就是個瘋子，回憶起來，我誠懇的希望當時沒有人注意到我的行為。Jorit 是一位非常年輕的拿坡里街頭壁畫大師，他的壁畫遍佈了全球，包括影響他最深的塔尚尼亞、阿根廷、玻利維亞、智利、中國、義大利、巴勒斯坦、俄羅斯以及美國，作品中尤以人臉之特寫為 Jorit 的代表。他畫的人物多半帶

有政治信息，譬如革命家切·格瓦拉、人權運動領袖馬丁路德·金恩、前蘇聯太空人加加林、巴勒斯坦的女性自由鬥士阿黑德·塔米米等，當然，Jorit 也是拿坡里球迷，他畫的球王馬拉度納、兩位永遠的隊長哈姆西克與保羅·卡納瓦羅，自然也是我口袋參拜名單。2013 年後，Jorit 的壁畫開始在人物臉頰上出現兩條紅色暗紋，一開始並沒有人知道其意義。近兩年，始終在社交媒體上保持低調的 Jorit 終於露臉了，在他俊秀的臉龐上也有兩道深深地紅色暗紋！「這是傷口、不是紋身！」他自述到，「我在 8 年前去塔尚尼亞旅行時，開始在臉上劃了這樣的印記，這是非洲治療儀式的一部分。」我擅自猜測，或許這樣的儀式讓 Jorit 感覺自己回歸人類的最根本，所以他將自己欽佩的人物，在作畫的同時，加上這兩道紅色條紋吧！？

「可以不要再說拿坡里『都』很髒了好嗎？」每當聽到有台灣遊客這樣武斷的批評拿坡里市容，我就一股不服氣！這就好比如果在羅馬只遊歷了特米尼車站周圍景點，相信每個人都會覺得羅馬的環境整潔根本不及格！至少我在拿坡里的沃梅羅區（Vomero）與基艾亞區（Chiaia）

看到的都是漂亮的房屋、街道。距離地鐵站 Piazza Amedeo 步行約 10 分鐘之處，有一棟 20 世紀初期，自由風格建築派的灰色私人公寓，大片的落地玻璃、弧度彎曲的氣派門面以及樓房中間的大圓頂使它顯得富麗堂皇，名為曼納霍洛宮（Mannajuolo Palace）。其實不只是曼納霍洛宮，在這基艾亞區一路從車站走過來，每一棟房子都獨具特色，街道也是乾乾淨淨的。曼納霍洛宮內部有兩座造型特殊的迴旋式樓梯，其中一座看似紡錘，又似靈魂之窗，有一種宛若在夢境的不真實的美，據說當時這樣的設計因空間不足而產生，真的只能打從內心深處為義大利人的美感獻上無限的敬意啊！

　　拿坡里向來都是被忽視或輕視的，曾有羅馬的朋友告訴我「他一輩子都不想也不會去拿坡里」，但對我而言，拿坡里是我的寶庫，不論是人、物、景，不論是好事或是曾經發生過的壞事！「來到拿坡里的人會哭泣兩次，當他抵達的時候以及當他將離開的時候」（拿坡里諺語）

青春遊隨筆

澳門的葡捷爭霸戰

作者：許思庭

　　葡萄牙與澳門之間的歷史關係不在這篇文章之中詳細闡述，雖然澳門已經回歸了中國，可是葡萄牙的文化已經深深植根於澳門。好像從來沒有聽說過澳門要去殖民地化？不過有一點是很值得欣賞的也可以證明到葡萄牙政府有遠見，就是主權移交之前把很多富有葡萄牙建築特色及歷史價值的建築物申請成為世界文化遺產，當然並不會全部都通過，但至少盡力去保留以免被拆毀。想當年在氹仔的一個重點旅遊娛樂及博彩項目「路氹金光大道」回收了不少居民的用地，為了澳門長遠的發展也不得不放棄一些「澳門歷史」。

　　建築物以外，葡國菜式文化也成為澳門一個很重要的特色菜，雖然有強敵杏仁餅、花生糖及蛋捲等等。在我的角度而言最廣為人接受及比較容易品嚐到的就是「葡撻」，曾經在香港也風魔一時，香港人特色三分鐘熱度，不講求深度，能夠成為香港人日常食品之一確實是不容易。

　　在澳門要尋找到「葡撻」是不太難的事，「嘴刁」的食客自自然會想追求「正宗」或「原味」，數到澳門最有名氣的兩家葡撻專賣店一定是

「安德魯」與「瑪嘉烈」。

　　「安德魯」與「瑪嘉烈」兩人本來是夫妻關係，1989 年在澳門安德魯先生與其前妻唐土慧成立安德魯餅店，1997 年二人離婚，唐土慧接手位於澳門市中心的葡撻專賣店，更將店名改為「瑪嘉烈蛋撻店」，安德魯先生繼續經營盤古初開的安德魯餅店，門面十分不起眼且受盡了風吹雨打，好像一個人默默地繼續守護著這間餅店，後來在旁邊加開了安德魯咖啡店，好讓大家可以坐下來一邊喝咖啡，一邊吃葡撻。

　　前妻所創立的瑪嘉烈蛋撻店營運上風格決然不同，可以見得很積極地擴展業務，甚至乎於金沙集團威尼斯人酒店之內也有咖啡廳專門店。

　　「安德魯」與「瑪嘉烈」兩家葡撻店我都有嘗試過，說實在兩者的味道其實是差不多，我曾經試過一天之內吃這兩家葡撻店的新鮮出爐葡撻。我相信這樣會比較公平，因為對於味道的記憶仍然是很「新鮮」。兩者的感覺我個人認為是取決於店舖的環境及背後的故事。安德魯先生好像默默地用葡撻去守護著自己過去的記憶，雖然失去了一段夫妻關係，人與人之間的關係

會改變，但是葡撻卻不會。瑪嘉烈蛋撻店就像一個很想擺脫過去，追尋新鮮感的人，人敵不過歲月的流逝，把握著自己有能力的時候盡力創造更加多的可能性，為自己的生活和自己的世界帶來無限的新鮮感，歷久常新。

不要做井底之蛙，要勇敢一
試——新加坡觀景摩天輪
Singapore Flyer

作者：許思庭

　　與香港面積大小相約的新加坡，很多時候都會拿作與香港比較。香港山多平地少因此實際可用面積比新加坡相對地少。新加坡位於東南亞熱帶地區，氣候非常炎熱，是一個沒有冬天的地方，有不少相當吸引的旅遊設施，而且動靜皆宜。

　　我也很喜歡到新加坡旅遊，藍天碧海，城市綠化帶的規劃做得相當之完善，井井有條。眾多的旅遊設施當中「新加坡觀景摩天輪 Singapore Flyer」是我最不感興趣的。雖然硬件上比起英國倫敦著名的「倫敦眼摩天輪」直徑多出十米，設計上亦有一點類似。不過兩者的名氣相差實在太遠，再者好像從來沒有聽說過有人要到新加坡看夜景，而且新加坡觀景摩天輪票價亦絕不便宜，位置上也有點偏遠，相對地會覺得花這麼多金錢及時間，從高處去看新加坡的景色「感覺上」好像不太值得。

　　後來有一次一班朋友希望到此一遊，群眾壓力底下我也只好勉為其難，幸好也能夠買到優惠門票。朋友們熱心希望可以同一個價錢得到最大的旅遊體驗，先了解新加坡日落的時間

及觀景摩天輪的遊客人數量，再去預計大約排隊等候的時間。

如此巨大的觀景摩天輪轉一圈所需要的時間大約 30 分鐘，大家得出最佳的觀景體驗應該是黃昏時候排隊等候，當摩天輪轉到最高點的時候，後半段的時間可以欣賞到新加坡城市的夜景就是最完美的體驗。

大家興奮地去計劃，我對新加坡的夜景沒有任何期待所以沒有他們這般興奮。幸運地天公造美，風平浪靜天氣十分好，東南亞地區雨水充足，下雨是比較頻繁，而且難以預計。

果然是一個新加坡國家級的旅遊觀景項目，一直走到摩天輪之前，一步步邊走邊看到各種有關於摩天輪的介紹，間接想告訴大家新加坡具有國際實力。這座摩天輪設計上真的和倫敦眼結構很相似，當爬升到離開地面約 20 米左右漸漸開始用另一個角度俯瞰新加坡這個城市，終於明白當地政府為什麼安排在這個位置，身在城市裏是難以感受到完完全全的城市面貌。當你能夠抽離一點去看原來這個地方是這麼繁榮，不同地標及主要建築物的分佈，串連起來令

這個地方可以變得如此璀璨奪目，十五分鐘過去天色已昏沉，整個城市大大小小的建築物亮起燈，金融中心區那一邊的玻璃幕牆大樓，國際知名的金融機構名字的燈飾映襯出這個城市金融發展的經濟實力。

遠眺一望無際的風景，遠遠看到密密麻麻點點的燈光，原來是馬來西亞的柔佛州。

我驚嘆自己被新加坡一種充滿包圍感的城市夜景深深震撼。不要被前設及假定蒙蔽了自己對事實的追求，嘗試打開心窗接受一下事物。坐在井底聽旁人說這世界，倒不如自己跳出來親身體驗。

台南白河區三叔公的家
一個有內涵的家

作者：許思庭

　　本來期望移民台灣生活可以能夠有空四處去遊山玩水，體驗一下一些香港人來台灣旅行的時候較少會到的地方。話雖如此，因為工作繁忙關係，時間很寶貴，只能夠抽空出發來一次兩日一夜的「輕旅行」，為了確保行程稱心滿意，先前為工作準備的辛酸，回想起來都覺得很有壓力，最重點的首要是民宿的安排。

　　為了避免選擇錯誤，亦會害怕被網路的推薦文所誤導，怕選擇了一間跟照片落差很大的民宿就會令到整個行程變得很爛，影響心情。因此很多時候唯有選擇一些價錢相對較貴的民宿，希望可以避免這種問題發生，用金錢去解決這個風險。

　　有一次計劃與朋友們出門去一次台灣自由行，其中一位朋友極力推薦要去台南白河區一間民宿叫「三叔公的家」，他說這一間民宿很有特色，入住這一間民宿之餘，主人「三叔公」還會帶你去欣賞他的荷花種植場，如果晚上天氣良好的話更會帶你去欣賞螢火蟲。我問，你曾經去過嗎？朋友說沒有，是他的朋友推薦的，我聽到也手心冒汗了。

　　從網路上找到的資料「三叔公的家」真的是平平無奇，再加上從台中開車出發前往台南白河區加上駕駛途中需要休息，每程需時約兩個小時以上。

　　好朋友的堅持及熱情推介令我也不好意思推卻，就這樣踏上了尋找荷花的旅程。

　　當時候天氣炎熱，中午由台中出發，首先到台南的玉井尋找一家著名的冰品店品嚐「芒果冰」。可能我是首次到台南旅遊很有新鮮感，到了一些比較耐歷史悠久的地方，感覺也不錯。

　　天色接近黃昏，終於來到「三叔公的家」，這裏絕對是充滿了田園氣息的地方，路很闊，看不到任何高樓大廈，不時都看到一些農田，走進民宿一樓是接待區及餐廳，不知道是否自己的錯覺還是肚子餓了，嗅到了一陣蓮子及荷葉的香氣。

　　這個民宿是家庭式經營，三叔公除了要去種田，也要負責民宿的其他崗位。剛巧接待我們的就是三叔公本人。房間簡潔明亮，衛生程度假如滿意度是十分滿分，我會給他九分。

很快就到晚餐的時候，原來我不是有錯覺，剛才嗅到到的那些味道，應該就是從廚房飄出來的。因為這裏的晚餐就是從三叔公的荷花田「就地取材」。蓮子五穀飯、蓮藕粉蒸蛋、荷葉蒸魚、蓮藕炒荷蘭豆及荷花煲排骨眉豆湯。

每一道菜看起來到時平平無奇，嚐起來卻有一種說不出的美味，或許這就是很多人稱之為的「原味」及靠山吃山。雖然說「人要衣裝，佛要金裝」，但做人是要有內涵才可以長久，就好像這一道菜「蓮藕粉蒸蛋」，上菜的時候一般的蒸蛋給大家的印象是看起來金金黃黃色澤豐富，才能引起食慾。可是「蓮藕粉蒸蛋」看起來灰灰暗暗帶一點微黃色，我還以為是否用了不新鮮的雞蛋所做出來，服務員當時候似乎看見我驚訝的樣子，他也猜得到我對眼前這一盤蒸蛋似乎有相當大的疑問。他馬上跟我說是加入了蓮藕粉才會變成這個樣子，還叫我馬上試試看。試一口知道果然是並不簡單，蓮藕與雞蛋的香氣兩者原來是非常匹配，蓮藕粉令到整盤蒸蛋口感有一種綿滑的彈性。

這一碟蒸蛋就好像對人一樣，不要一下子

就以貌取人，花多一點時間，花多一點心機，才能體會當中的內涵。當你對這份內涵有充分的感受後，很自然你會發現他原來也很可愛，變得跟以前不一樣。正如有一首歌叫做《我很醜，可是我很溫柔》

青春遊隨筆

台南白河區田園荷花早晨體驗

作者：許思庭

　　台南民宿「三叔公的家」晚餐過後會為大家安排一場螢火蟲的導覽團，但是千萬不要跟澳洲豪華旅行團的安排去為兩者作比較，以為能夠看見漫天的螢火蟲，三叔公會親自帶大家去到一個與他的民宿相距不到三百米的地方觀賞螢火蟲，目測之下不到 20 隻螢火蟲，或許一般人會對這個安排很失望，但是背後的意義卻是很令人值得去細味。

　　三叔公會告訴大家有關於螢火蟲的知識，例如教大家如何去分辨品種，但是他最想告訴大家的是為什麼現在剩下的螢火蟲數量會這麼稀少，原因是光污染及台南的土地發展與建築物越來越多，本來土生土長的螢火蟲被迫要離開。不禁令人反思社會發展與自然生態如何取得平衡。就這樣的一個晚上還未到晚上九時大家已經可以各自回到自己的房間準備明天早起來的荷花田導賞團。

　　早上 5 時 30 分已經要在「三叔公的家」大廳集合出發，三叔公當然會比大家更早來到，亦為大家準備好單車一起出發，假如你不會騎單車那就很可惜，唯有在民宿等候吧。

　　三叔公一開始的時候沒有告訴大家為什麼要這麼早起來去看荷花，來到一望無際的荷花田，有的荷花開得很燦爛，有的正在含苞待放。當我們跟三叔公來到其中一塊荷花田的時候，他叫大家停下來說：「來到白河區，如果沒有聽過三叔公講解荷花的話，那就跟沒有來過白河區一樣。」，一位樸實中年人三叔公，竟然會說出一些這麼充滿自信的說話確實是令我相當驚訝。我也是第一次親眼看到這麼多的荷花，原來要剛剛日出的時候來到荷花田就是希望大家能夠欣賞到荷花盛開的一刻。

　　荷花原來會在日出時盛開一次然後又把自己在關起來，明天再盛開多一次，來來回回一共有三次，三次過後就會完成使命。大家聽到這裏也不用太感傷，花開花落就好像人生一樣，盛開燦爛的時候小蜜蜂來來回回來採花蜜，等花兒謝了，埋在泥土下的蓮藕，仍然會好好地成長。蓮蓬內的蓮子，一粒一粒非常的飽滿，三叔公拿起小刀把新鮮的蓮蓬手起刀落割下來，以純熟的手法把新鮮採摘下來的蓮子脫去了綠色的外皮，本來我以衛生角度來看不太想吃，不過三叔公非常有誠意的推介再加上他如清晨陽光燦爛

的笑容，我也不好意思推卻這粒蓮子，一試之下發現原來是清甜無比，一試令人難忘。

沿路經過大大小小的荷花田，一邊踩單車，一邊感覺到太陽慢慢地爬升。忽然間發覺原來自己已經很久沒有擺脫大城市的生活，每一天營營役役為口奔馳，原來騎單車穿梭於田園之家感覺是這麼自在，能夠放下工作，以另一種田園生活態度，欣賞一下大自然對大地的恩賜是這麼美妙，這就是一種城市人久違了的「放空」。

不知不覺完成了差不多一個多小時的田園之旅，騎著單車走過了大約三公里路。原來在我們跟三叔公到外面遊山玩水的同時，民宿其他職員已經為我們準備好一個豐盛的自助早餐。

還要感謝台灣政府推出了旅遊券，這麼便宜的民宿還可以使用到政府的補助確實是要懂得感恩。

時光倒流般的隱世
彰化鹿港小鎮

作者：許思庭

想到彰化，就會想起充滿人情味的鹿港小鎮，沒想到在距離繁榮的台中市中心不遠的距離，會有鹿港這種古色古香的小鎮。

鹿港鎮舊稱「鹿仔港」，位於臺灣彰化縣彰化平原西北邊鹿港溪口北岸，全境高度均在海拔十公尺以下，面積達 71.802 平方公里，全區可分為沖積平原、海濱低地、及潮埔地三個部份。鎮內人口約 8.6 萬人。想知道鹿港的由來嗎？就讓我來告訴你吧，臺灣中部一帶昔時多鹿，常有鹿群聚集海口草埔，故名「鹿仔港」，後來簡稱「鹿港」。臺灣西部平原，從荷蘭時期到清領初期，鹿群遍佈，那時有不少從事鹿皮、鹿脯的買賣者。當漢人從鹿港上岸之後，很可能看到海港附近有鹿群，於是稱之為「鹿仔港」。而「仔」字又是漢人慣用字眼，至今仍有地名曰「崙仔頂」、「橋仔頭」等。

鹿港一直都是中部地區的熱門景點，當中也有不少來鹿港絕對必須吃的美食小吃！難得來鹿港老街玩，當然要順便把鹿港老街的小吃美食都一網打盡！

　　趕緊來看看我攻佔過哪些鹿港老街美食吧！既然來到鹿港，當然要買鹿港最有名的牛舌餅和鳳眼糕，牛舌餅是老北京的傳統點心之一。早期嬰兒出生滿四個月，父母必遵古禮將此餅穿孔掛於嬰兒胸前宴請來訪親友，籍此保佑孩童此後聰明伶俐，自古延傳迄今而成為蘭陽名餅，因其狀似牛舌故名為「牛舌餅」。

　　另外鳳眼糕是鹿港知名的百年傳統糕餅之一，當時從泉州來台的糕餅師傅鄭槌研發這款糕餅，因為外觀有如神話聖獸「鳳」的眼睛因而得名，鄭槌原先發明「龍眼糕」以及「鳳眼糕」兩種糕餅，但因龍眼糕形狀以圓形為主，不如鳳眼糕外觀較有特色，因此鳳眼糕較常被人所聞。

　　至於鹿港的知明景點，有龍山寺、天后宮、九曲巷、十宜樓等。龍山寺在民國七十四年為國家保護之二級古蹟，與國立故宮博物院、中正紀念堂並列為國際觀光客來臺旅遊的三大名勝，是很有名的觀光景點喔。至於九曲巷即金盛巷，從前為防盜賊侵入，並

防止九降風肆虐，遂將巷道築成迂迴曲折狀，故過去有「曲巷冬晴」的雅譽。十宜樓則是因跑馬廊與底下的金盛巷形成十字，且因「宜琴、宜棋、宜詩、宜酒、宜畫、宜花、宜月、宜博、宜煙、宜茶」，故取名為「十宜樓」。聽完我說了這麼多會不會開始想要去鹿港了呢，下次決定旅遊地點時，不仿考慮一下自駕遊到鹿港玩大半天吧。

群馬縣傳說中的
秋名山的現實與幻想

作者：許思庭

　　日本漫畫經典《頭文字 D》，由 1995 年開
始在講談社《週刊 Young Magazine》漫畫雜誌
連載，把日本常見的山路搖身一變成入夜過後
成為熱血男兒的賽車競技賽道。

　　故事男主角藤原拓海成長於單親家庭，為
了代替父親送貨的工作，因為年紀關係未有考
取駕駛執照，但是仍然要於凌晨時分把自家製
的豆腐送到酒店客人手中，所以需要每日黑夜
中風雨不改來回秋名山。藤原拓海本來對開車
也沒有太大感覺，卻為了想盡快趕回家睡覺，以
爭取更多休息時間，因此越開越快，不知不覺間
練成神乎其技的駕駛技巧，飄移及甩尾等等技
術。操控車身如自己的四肢一樣，成為一般車手
夢寐以求的技術。

　　由漫畫到劇場版動畫，不少令人回味的經
典對賽，每一次回看都是令人那麼的熱血沸騰。
雖然整個故事於 2013 年 7 月結束，結局的最終
戰陪伴藤原拓海走過大大小小對賽的 AE86 亦
都因引擎損毀而真真正正的退役，連同藤原拓
海群馬縣「D 計劃」一起成為永遠的「公路最速
傳說」。隨時間過去但是這個傳說永遠留在大家
心裏，很多喜愛這套漫畫的人都會有一個夢想，
就是親身到藤原拓海這個傳說誕生的地方「秋

名山」走一趟。

有幸於 2018 年的時候跟一位日本朋友旅行的時候，大家就決定在秋名湖旁邊找一間旅館住上兩天，可以去尋找頭文字 D 的足跡。給我一個意外驚喜的是原來旅館是一間溫泉旅館，還可以泡溫泉真的令人非常滿足。

還以為因為頭文字 D 的效應，秋名必定會有「藤原豆腐店」，但原來是沒有的。

亦都因為頭文字 D 的關係，不難找到有租汽車的地方有 AE86 出租，不過價錢相當貴，而且不是現在大家常用的電子方向盤，操控起來困難程度就更高，不熟悉路面加上是手自排，不太建議大家冒這個險去嘗試。

我們去到秋名山當日可能不是假日，上秋名山的路上車不太多，一開始是上山路段，不斷出現連續的髮夾彎，路旁的告示牌上面均有提示，除了列明彎的弧度，還有一個數字是表示第幾個彎。當然現實世界的駕駛者是要遵守交通規則，不可以超速也要保持安全駕駛。

髮夾彎之多令你不停轉動方向盤，亦要把握時間回正，走直線不久又馬上要準備入彎，遇到很有深度的髮夾彎，不其然腦袋裏就會浮現

起頭文字 D 飄移的畫面。

　　適應了不停轉方向盤的動作後剛好就來到了山頂，亦即是我們在漫畫裏面經常看到的準備各就位 123 開始的那個起點線了。雖然我駕駛的並不是 AE86，不過能夠於藤原拓海的視角去看這個起跑點，真的令人非常感動，百感交集。

　　雖然實際的秋名山下山道並不是 100%與動漫畫的一樣，不過最經典的五連髮夾彎卻是真有其事。

　　就算不懂甩尾及飄移但已經足以令人興奮莫名，當你駕駛近一點防護欄的時候，不難會發現到很多被撞到凹陷，似乎真的有很多人在這裏練習「甩尾」。

　　相信大家還有印象，藤原拓海初試啼聲與紅太陽車隊的高橋啟介比賽時候以「水溝過彎」超車，原來是真的有這個水溝存在，不過現實的水溝太深了並不可能好像藤原拓海一樣把車子駛進去來過彎。

　　來來回回跑了五次，不單止對頭文字 D 的回憶泛起了很多的思潮起伏，還有是與藤原拓海一起成長的歲月，人生過了一彎又一彎，一個難關再接一個難關。

　　坐在秋名湖湖邊不發一言等到日落，人生難得有平靜的時間。

　　想不到來秋名山有這種意外收穫，是心靈上的意外收穫。

青春遊隨筆

苗栗縣卓也小屋
戀戀藍色山城

作者：許思庭

　　台灣的民宿百花齊放各具特色，選擇之多可算是世界首屈一指。不過假如沒有特色的話，相信也難以經營及生存下去。

　　而且民宿的價錢差距也可以很大，有一間在南投縣的民宿叫「牛眠浦里」很有東南亞渡假風情。平均每一晚的租金超過一萬台幣以上，每次一推出合共三個月最新的房間預訂，閃電般很快就會爆滿。

　　有一次跟朋友商討應該到怎樣的民宿，希望既有自己特色之餘，也可以一應俱全有齊吃喝玩樂，雖然開車是很方便，但是也不希望開很久的長途車，而且不想行走難行的山路。

　　朋友就想到在苗栗縣的「卓也小屋」，名稱雖然是叫「小屋」，其實民宿佔地範圍很大，就好像一座小小的山城一樣，依山而建裏面分開不同的區域，一間一間的「小屋」就是大家租住的地方。

　　深山裏的小山城建築設計看來是希望可以與大自然渾然一體，小橋流水，花草樹木，不禁流露出一種不願被現代化科技及潮流肆無忌憚

的將它改變的不甘心。

民宿亦有自己的精品咖啡店，傳統台式火鍋餐廳，這些也是預期之內。最特別的是這個山城裏面主要的色調是一種深藍色，帶有一種無止境的深度，一種讓你猜不透的顏色。為什麼整個山城都看到這種藍色？其實是這一帶的一種植物提煉出來的染料的藍色。因此這裏也有一些工作坊教你如何用這一種藍色的染料去染布及製作其他手工藝品等等，實在是非常難得的體驗。都市裡營營役役的忙碌生活，偶爾之間可以參與這種工作坊，可算是現代都市人的「心靈雞湯」。

假如你沒有興趣花時間做手工，也可以直接到他們的小商店購買這些染上了卓也小屋專用藍色的工藝產品作為留念。

晚飯時間過後更加有山城的管理人員帶你去看螢火蟲。這裏是螢火蟲的家，我們只是到訪的來客，所以我們要尊重螢火蟲的生活環境，除了走路要放輕腳步，盡量也不要說話破壞它們的寧靜環境，不要影響到屬於它們的生活。

第二天的早上，四處發掘一下這個山城還

有什麼讓人驚喜的地方，竟然給我發現到「蝴蝶谷」，我第一個反應是「真的假的」？

原來是真的，早上時份，山上有一個範圍會有過千隻蝴蝶在不停興奮地飛舞，看清楚一點原來它們是在採花蜜。

很快的兩日一夜過去，離開的時候有一點依依不捨。我心裏不禁自問會再來嗎？其實我覺得是不會的，因為我知道還有更多更多各具特色的民宿期待著我的光臨。

再見了，卓也小屋，謝謝您。

日月潭的日與夜

作者：許思庭

　　未移民到台灣之前，已經聽過不少香港朋友每逢到台中必定會到日月潭或清境。兩個地點的距離是可接受的，所以有些朋友兩個地方都會同時去。

　　從台中市西屯區家中出發，大約一個小時左右已經進入到南投縣，心情不禁既興奮又期待，安排好了是兩日一夜的行程。正所謂時間就是金錢，所以難得能夠抽時間去日月潭旅遊，所以預訂了一間視野廣闊兼可以欣賞得到日月潭美景的房間。開車到了差不多接近日月潭的位置，看到 Google Map 顯示，包圍著日月潭的路原來是都是彎彎曲曲的山路，由此可見日月潭的範圍是很大，比我想像中的實在超出不知多少倍。

　　因此不同的主要景點就遍佈於日月潭的四周，當然可以於不同的碼頭乘船，如此會更快更直接到達。因為如果開車錯過一些景點，可能要走很遠的回程路，加上彎路太多要打醒十二分精神，不過開車在這種山路遊走，確實是有另一番的刺激體會，當然最重要是行車安全，要做個負責任的道路使用者。

終於到達已安排的飯店，花費這麼多就是希望可以舒適地欣賞日月潭日與夜的美景，當然最擔心的是會遇上壞天氣。剛剛到達的時候遇上了毛毛細雨，心情不禁繃緊起來，因為很擔心會越變越大雨。

本來希望來到的時候就差不多可以欣賞到日月潭黃昏的景色，金黃色的夕陽不見了，反之是一片煙雨濛濛。其實也可以安慰自己欣賞到了日月潭另一種的淒美。日月潭是一個遊客區，大小商戶自自然然目標是遊客，不過整體上不到晚上八時，大多數的店舖已經關門，仍有少量店舖未關門也準備下班，唯有到便利店買便當做晚餐。這里店舖很多都是台灣原住民所開的，有吃的，有喝的，有當地特產，也有當地紀念品。雖然有點失望但是也對明天的行程有期望，因為看到一些目標的店舖。

有一些台灣原住民小店老闆也很熱情地讓我試試當地出產的米酒，雖然他知道我沒有意欲會買，但仍然想跟我分享當地特產。

回到飯店房間本來日月潭的景色也變得漆黑一片，依靠著對岸的點點燈光，大概也看到日

月潭的景緻。

　　本來預定好鬧鐘想試試看能不能夠欣賞到日月潭的日出，或者是方向的問題，天氣的問題等等，並沒有成功。不過原來有人比我更早醒過來，有不少遊客預約了清晨的時份，在日月潭的水面上，穿起救生衣學習玩單杖木筏。

　　吃過了早餐，回到房間坐在外面的露台，靜靜地看著遼闊的日月潭，感覺自己渾然忘記了時間的流逝。很快就要離開酒店，多年以來的期待，終於心滿意足地完成了。

台灣追櫻之中科崴立櫻花公
園

作者：許思庭

　　每逢到台灣春暖花開的時候，偶爾都會在路旁看見零散的櫻花樹，因為不是很多櫻花樹一起連結成一個花園，所以看起來有點孤單柔弱。原來只有一棵櫻花樹的話，會沒有了那種令我興奮的感覺。還記得那些年曾經在日本的新宿御苑一邊野餐，一邊欣賞櫻花，隨風一動層層疊疊的花瓣，幻化成有如潮水湧浪一般的壯觀的漫天花海。

　　朋友說台灣都可以賞櫻啊！雖然未必及得上日本，但是亦都是台灣的地道文化之一。我問有什麼好建議呢？我說希望不要跑得太遠，如果你跟我說要我從台中開車到台北陽明山，那麼我實在難以捨命陪君子了。

　　朋友推薦可以到台中市后里的「中科崴立櫻花公園」，這個公園是台中一個觀賞櫻花的熱點。開車去大約半小時車程，聽起來實在是非常吸引的地點。

　　對於櫻花有一點了解也知道，燦爛盛開的時光很短暫，要把握櫻花盛開之時就要每天留意社交媒體上的報告。出發當日已經預知來觀賞櫻花的遊人一定很多，在 google 地圖看看前

往該處的路線會否變成「紅色」，留意交通是否擠塞。

看到交通路況還好，便馬上起程。我沒有向朋友問太多什麼是「中科崴立」，來到公園附近的時候，已經看到連綿不絕的車龍，停在兩邊路旁，幸運地仍然找到停車格，否則走到盡頭的時候，你會看到因為是私人停車場已經被關起，你就要走回頭路重新再去尋找停車位。

當走進「中科崴立櫻花公園」，我終於明白「中科崴立」是什麼意思了！「崴立」是一間日本電子零件產品公司的名稱，這個公園原來是屬於他們公司的工廠範圍，由於日本人喜愛櫻花，所以在這個花園種植了超過 300 棵以上不同品種的櫻花樹。

這一天已經不是假期，但都可以算是人頭湧湧，雖然這個地方的名稱有「公園」兩個字，假如你比較靠近廠房的時候，隱約可以聽到工廠內傳出來的機器運作聲音。

既然是開放的櫻花公園，大家也老實不客氣盡情地拍照，細心欣賞櫻花在中午陽光燦爛的時候映照出令人難以忘懷的色彩。

　　雖然遊人很多，但是大家也很安靜的在這個公園內參觀，大家也懂得尊重願意開放公園的日本廠商這種與眾同樂的用心，所以也不希望影響到廠房內正在工作的職員。

　　遊人忙個不停拍照，小蜜蜂也忙個不停穿梭於櫻花之間採摘花蜜，公園的旁邊也有一些懂得把握做生意良機的小攤販，販賣一些飲料、冰品，甚至是小食等等。

　　或許這個公園裏面的櫻花樹並非茂密到好像花海一般，但是能夠首次在一個工廠附設的公園內欣賞櫻花，確實是一次非常難忘的體驗。

　　花了半個小時，一邊拍照，一邊欣賞煙花，我看不見有遊人亂拋垃圾，環境衛生保持得不錯。假如你把這裏弄得烏煙瘴氣，明年大家就再沒有這個機會可以到此欣賞櫻花了，因為崴立定必把公園關起來。

台灣追櫻之
付費與免費的分別

作者：許思庭

　　台灣本土的電單車數量很多是世界知名，
但是其實擁有私家車的人也很多。加上有「國產
車」，即世界一流的知名汽車品牌在台灣本地組
裝的車就會稱之為「國產車」，所以價格相對優
惠就可以買到一級水準汽車品牌最新款汽車，
再加上台灣的油價是東南亞地區數一數二便宜
的地方。因此台灣本地自駕遊不會有什麼太大
負擔。而且亦有能夠貫通台灣南到北的「國道」，
不同的國道路線上中途分佈了大大小小的「休
息站」，比較大的休息站，可以媲美一個小型商
場，有美食廣場、星巴克、便利店，當地特色美
食，也會有收費的按摩椅可以讓你坐下來休息
一下，所以開車到中途站休息一下，也是一件賞
心樂事。

　　正所謂靜極思動，朋友又再發一些台中賞
櫻熱點的風景照過來以供參考，可以再到下一
個觀賞櫻花的地點。本來我也不太願意去，因為
覺得再去另一個地方都是同樣觀賞櫻花，櫻花
來來去去也是差不多的模樣，為什麼還要花時
間再去另一個地方甚至乎要花入場費去觀賞櫻
花呢？

　　朋友們極力推薦底下，加上自駕遊的方便和低廉，所以又踏上了尋找櫻花之旅。我建議到一些要收費的場地會比較好。因為有了之前到「中科崴立櫻花公園」欣賞櫻花的經驗，路邊停車既講求運氣，而且也怕被路邊經過密密麻麻的途人，或者騎摩托車的人會碰花自己的汽車，那就真的心痛非常。

　　如果是私人花園的話，至少有獨立的停車場，亦希望人流會比免費的來得少。

　　因此第一站來到台中「新社鳥森林」，入場費大約二百多新台幣，其中一百元可以用於在園區內購物或消費等等。場內劃分了好幾個園區，其中一個部分吸引了非常多遊客甚至是網紅到此瘋狂拍照。因為依山而種植的櫻花的茂密程度，在你背後有一種排山倒海的氣勢。

　　花園內也有自己的餐廳，不過只有火鍋，選擇似乎欠缺多元化。除此之外其他範圍以內的櫻花，雖然是好看但亦未有令人震撼而且難以忘懷的感覺產生。

　　好不容易終於花掉了那些現金代用券，本來打算離開新社，打道回府到台中市中心地段，

朋友說看到 google 地圖在附近有一個地方叫
「新社櫻花祕境」那裏的櫻花現在也開得很漂
亮．而且從 google 地圖內顯示出新社櫻花祕境
這地方的車輛不算是擠塞．開車過去也是十分
鐘的時間左右。我問大約是什麼地方來的．朋友
說是一位農夫他在自己的農場內種植了很多櫻
花樹．他希望可以與眾同樂．因此免費開放給遊
人進場參觀．我聽起來覺得難以置信．「免費」
真的嗎？來到路邊停車見到很多人真的在這個
櫻花園內進進出出．看來真的是免費！雖然不
算是很大的櫻花農場．但由於地形設計關係．所
以你可以爬到跟櫻花樹差不多高的位置．近距
離觀賞櫻花。

　　或許是我小人之心．想不到原來有種人可
以不理會賺錢還是蝕錢．抱著一個分享的心跟
大家分享自己喜愛的東西。

　　今年的追櫻之旅可算是終於完滿結束．三
個地方有不同的體驗．希望你也有機會試試這
種追櫻之旅。

國家圖書館出版品預行編目資料

青春遊隨筆／明士心、Aima、許思庭 合著—初版—
臺中市：天空數位圖書　2021.10
面：14.8*21 公分
ISBN：978-986-5575-65-6（平裝）

719　　　　　　　　　　　　　　　110017022

書　　　　名：青春遊隨筆
發　行　人：蔡秀美
出　版　者：天空數位圖書有限公司
作　　　者：明士心、Aima、許思庭
編　　　審：龍璈科技有限公司
製作公司：恩希有限公司
封面設計：許思庭
美工設計：設計組
版面編輯：採編組
出版日期：2021 年 10 月（初版）
銀行名稱：合作金庫銀行南台中分行
銀行帳戶：天空數位圖書有限公司
銀行帳號：006-1070717811498
郵政帳戶：天空數位圖書有限公司
劃撥帳號：22670142
定　　　價：新台幣 300 元整
電子書發明專利第　Ｉ　306564　號

紙本書編輯印刷：
電子書編輯製作
天空數位圖書公司 E-mail：familysky@familysky.com.tw　http://www.familysky.com.tw/
地址：40255台中市南區忠明南路787號30F國王大樓　Tel：04-22623893　Fax：04-22623863